浙江大学新时代思想政治教育创新计划资助项目

编　委　会

花开马兰

林俊德至诚报国的一生

项淑芳◎主编

ZHEJIANG UNIVERSITY PRESS
浙江大学出版社
·杭州·

图书在版编目（CIP）数据

花开马兰 ：林俊德至诚报国的一生 / 项淑芳主编 .
杭州 ： 浙江大学出版社，2025. 6. -- ISBN 978-7-308
-26525-6

Ⅰ . K826.16

中国国家版本馆 CIP 数据核字第 202501HS95 号

花开马兰——林俊德至诚报国的一生

项淑芳　主编

策划编辑	金更达　吴伟伟　陈佩钰	
责任编辑	吴伟伟　马一萍	
责任校对	陈逸行	
封面设计	雷建军	
出版发行	浙江大学出版社	
	（杭州市天目山路148号　邮政编码310007）	
	（网址：http://www.zjupress.com）	
排　　版	大千时代（杭州）文化传媒有限公司	
印　　刷	杭州宏雅印刷有限公司	
开　　本	710mm×1000mm　1/16	
印　　张	11.75	
字　　数	116千	
版 印 次	2025年6月第1版　2025年6月第1次印刷	
书　　号	ISBN 978-7-308-26525-6	
定　　价	68.00元	

序一

　　1964年10月16日，是新中国历史上令人十分自豪与振奋的日子：我国第一颗原子弹在罗布泊爆炸成功，这一辉煌壮举矗立起中华民族又一座巍峨的丰碑，凝结着无数奉献者的心血与智慧。为了祖国的核试验事业，一批批奋斗者扎根戈壁大漠，献了青春献终身，献了终身献子孙，有的甚至战斗到生命最后一息。被中央军委授予"献身国防科技事业杰出科学家"荣誉称号的林俊德院士就是他们中的优秀代表。

　　浙江大学是林俊德院士的母校，20世纪60年代初他从这里毕业被分配到新单位后不久，就投身到我国的核试验事业中，一干就是一辈子，参加了我国全部45次核试验任务。首次核试验时，在面对国外技术封锁，又毫无经验可循的艰难条件下，林俊德带领年轻的技术小组白手起家，大胆探索，赶在试验任务前，成功研制出世界上第一台钟表式压力自记仪，为及时准确测量我国第一颗原子弹爆炸冲击波立下大功。此后，他又在氢弹试验和地下核试验冲击波测量任务中连续攻克多项技术难关，为确保试验任务圆满成功作出重要贡献。我国暂停核试验后，他仍然潜心于爆炸力学方面的研究，带领团队继续向新的技术高峰攀登，取得了一大批高新技术成果，在我国国防装备建设事业中屡立新功。即使在身患重病期间，他也依然以一个战斗者的姿态冲锋在科研工作最前沿。生命弥留之际，他感到自己工作的时间不多了，坚决放弃手术治疗，从重症病房转到普通病房，争分夺秒地整理核心技术资料，悉心交代给同事和学生。每次从昏迷中醒来，他都提出"我要工作"，"不能躺下，躺下就起不来了！"在陪伴林院士最后的日子里，我目睹了他头戴氧气面罩、呼吸异常困难，仍坚持坐在电脑前工作的情景，那像无畏的战士生命不息、冲锋不止的战斗形象，让我一次次泪目，至今仍震撼着我的心灵。

林院士生前留下的笔记本里列着十个条目，前九个都是关于工作的，他都完成了，唯有最后留给家人的一条，却是空白。他给妻子留下三句话："后事一切从简，不向组织提任何要求，把我埋在马兰。"这既是给家人的遗嘱，也是一名把毕生精力献给了祖国核试验事业的优秀科技工作者向党和人民的最后告白。这是多么宽阔而博大的胸襟！又是多么崇高而无私的情怀！回望林院士一生，他矢志报国的宏愿，把人生理想与国家命运紧紧联系在一起的坚定信念；不畏艰难困苦，自立自强为国铸盾的顽强意志；勇于开拓进取，敢为人先攀登科学高峰的创新品格；扎根戈壁大漠，隐姓埋名不求索取的奉献精神，都源自他对党和人民质朴的热爱，对国防科技事业忘我的奋斗，对科学真理执着的追求。这些可贵的精神品质贯穿了他拼搏奉献的一生，使他成为令人敬仰、值得人们永远学习的"时代楷模"。

在马兰基地革命烈士陵园里，林俊德院士和朱光亚、张蕴钰、程开甲等老一辈科学家、"核司令"以及普通官兵长眠在一起，他们为我国核试验事业和基地建设建立了卓越功勋，作出了突出贡献。正是他们和一代又一代基地官兵在创造辉煌业绩的同时，铸就了"艰苦奋斗干惊天动地事，无私奉献做隐姓埋名人"的马兰精神。马兰精神是基地官兵在长期的奋斗实践中孕育形成的，蕴含着对党的事业无限忠诚，视国家和民族利益高于一切，为国防现代化建设拼搏奉献的理想信念、价值追求和高尚情怀，浸透着全体官兵的心血、汗水和智慧。它与"两弹一星"精神一脉相承，是"两弹一星"精神的重要组成部分，已成为基地宝贵的精神财富。林俊德院士是马兰精神的创造者和践行者之一，他非凡而壮丽的一生，是对"两弹一星"精神和马兰精神最生动的诠释与最真实的写照。

习近平总书记指出："'两弹一星'精神激励和鼓舞了几代人，是中华民族的宝贵精神财富"，"一定要一代一代地传下去，使之转化为不可限量的物质创造力"。[①]浙江大学是我国著名的高等学府，历史悠久，人才辈出，曾为我国"两弹一星"事业培养

---

① "两弹一星"精神：惊天动地的壮歌 [EB/OL].（2021-06-03）[2025-07-07].
http://www.mod.gov.cn/gfbw/gfjy_index/4886742.html

输送了以林俊德院士为代表的一大批优秀人才，如今肩负着为强国建设、民族复兴培养时代新人的历史重任。把青年学子教育培养成为有崇高理想信仰，敢于担当作为、甘于牺牲奉献的中国式现代化建设的接班人，是党和人民赋予的重托；大力传承弘扬"两弹一星"精神，深化理想信念教育，是加强新时代高校思想政治建设的有力举措；编辑出版林俊德院士先进事迹图书，为上好高校思想政治课提供了鲜活生动的教材。可以相信，在不久的将来，会有许许多多像林俊德院士一样的青年涌现在中国式现代化建设的壮阔征程上，成为引领中华民族实现伟大复兴的不懈追梦人。

林俊德院士生前最爱的是马兰花，希望象征着林院士精神之光的马兰花，在浙大这块人才培养的沃土上生根发芽，绽放更加绚丽的光彩。

孔令才

马兰基地原政委

"两弹一星"历史研究会常务副理事长

2024 年 10 月

序二

传承马兰精神，矢志爱国奋斗

　　林俊德校友 1955 年考入浙江大学机械系，1960 年毕业后一直致力于国防科研工作，是我国爆炸力学与核试验工程领域的著名专家，是献身国防科技事业的杰出科学家，是"两弹一星"的重要开拓者，也是全军挂像英模和感动中国 2012 年度十大人物之一。他一辈子隐姓埋名，52 年坚守在罗布泊，像一朵马兰花一样扎根祖国边疆，把青春和生命融入大漠戈壁，把全部心血和智慧奉献给国防事业，参与了我国全部的 45 次核试验任务，为我国铸就国防盾牌、挺起民族脊梁作出了卓越贡献。

　　林俊德校友的感人事迹和献身精神始终深深激励着我，多年来，我一直致力于传承和弘扬以林俊德校友为代表的"艰苦奋斗干惊天动地事，无私奉献做隐姓埋名人"的马兰精神。在学校的指导下，我和同事们以林俊德校友爱国奋斗的事迹为原点成立了"浙江大学马兰工作室"，持续挖掘马兰精神的丰富内涵和浙江大学的红色历史，着力讲述以王淦昌、程开甲、林俊德等老一辈浙大人扎根戈壁、为国铸核盾的马兰故事，通过开展将军报告会、话剧排演、现场体悟、主题宣讲等特色活动，引导师生到祖国最需要的地方贡献力量，取得了较好的育人成效。

为了更好地发扬林俊德校友所代表的马兰精神，更好地寄托广大师生校友对林俊德院士的深厚感情，我和同事们历经七载，走访了林俊德校友生前学习、生活、工作的场景，采访了林俊德校友的家人、同窗及战友，以真挚的情感，再现了林俊德校友默默无闻又熠熠生辉的一生，帮助师生们进一步从林俊德校友为学、为事、为人的风范中汲取奋进力量，激发报效家国的使命感。

"大漠，烽烟，马兰。平沙莽莽黄入天，英雄埋名五十年。剑河风急云片阔，将军金甲夜不脱。战士自有战士的告别，你永远不会倒下！"这是《感动中国》节目组给林俊德校友的颁奖词，也是林俊德校友一生的写照。

我们怀念林俊德校友，是要学习他心怀大我、把国家利益看得高于一切的精神。"为党和人民做事，是天经地义、天地良心"，是林俊德校友经常挂在嘴边的一句话。他始终没有忘记党和国家的培养，将对祖国鞠躬尽瘁的忠和对人民刻骨铭心的爱化为对事业义无反顾的执着和坚守。

我们怀念林俊德校友，是要学习他永久奋斗、把忠诚使命看得重于一切的精神。林俊德校友从接受核试验任务开始，就确定了自己为之奋斗一生的事业和使命。他把科研攻关的艰难视为担当，把数十年隐姓埋名视为幸福，把锻造和平之盾视为追求。身患癌症之后，林俊德校友仍把病房当作战场，与死神争分夺秒地抗争，为国防科技事业奋斗到了生命最后一刻，他"宁可透支生命，绝不拖欠使命"的精神感动了无数中国人。

我们怀念林俊德校友，是要学习他淡泊名利、把个人得失看得轻于一切的精神。林俊德校友一贯朴素无华、谦虚低调，在浙江大学就读期间虽成绩名列前茅，却总是默默学习，不与人争胜。毕业后的他对待工作极为认真、从不将就，对待生活却不上心、不讲究：一块手表戴了15年，一个公文包用了20年，一个铝盆打了五个补丁。浙江大学百年校庆期间，林俊德校友与老同学相聚时只简单地说自己是搞"振动"的，对取得的成绩不以为意。观其一生，可谓"辉煌隐于淡泊，淡泊成就辉煌"。

伟大事业孕育伟大精神，伟大精神引领伟大事业。在全党全国深入学习贯彻党的二十届三中全会精神之际，缅怀和颂扬以林俊德院士为代表的老一辈科学家的辉煌事迹和卓越贡献尤为重要。作为浙江大学开展青年爱国主义教育的重要读本，本书希望将林俊德校友的事迹发扬光大，引导广大师生心怀"国之大者"，树立更加高远的胸襟抱负，始终把服务国家作为最高追求；激励广大师生坚持"四个面向"，聚焦国家重大战略需求，勇闯创新"无人区"，做好应用基础研究和关键技术创新，实现更多从0到1的突破，为中国式现代化提供更加有力的技术支撑、人才支撑、创新支撑。

祖国不会忘记，人民不会忘记。林俊德校友永远值得我们怀念和学习，他留给我们的宝贵精神财富将永远激励和鞭策着我们前行。

杨华勇

中国工程院院士

浙江大学机械工程学院教授

2024 年 9 月 20 日于浙江大学马兰精神文化园

目 录

第一章

少年初长成

1938 年 3 月 13 日，林俊德出生在福建省泉州市永春县介福乡紫美村。

1943 年 7 月，林俊德 5 岁，进入介福小学一年级就读。因时局动荡，后从介福小学转入西安小学，再转入南湖小学就读。

1949 年 7 月，林俊德从南湖小学毕业。

1950 年春天，林俊德凭借优异的成绩考入永春第一中学。

1955 年夏天，林俊德从永春第一中学毕业。

1955 年 8 月，林俊德考入浙江大学机械系。

一、生于国家危难时

林俊德出生于一个战火纷飞的时代。

1937年7月7日，日本以一名日军士兵失踪为借口，要求进入位于北平西南的宛平城搜查。在遭到中国驻军拒绝后，日军悍然炮轰宛平城，制造了震惊中外的卢沟桥事变。自此，抗日战争全面爆发。

7月28日、29日，日军先后占领北平、天津。随后，上海、南京等城市陆续失陷，华北、华东等地区相继被日军的铁蹄践踏，哀鸿遍野。

卢沟桥事变后，在中国共产党的积极倡导下，以国共第二次合作为基础，中国人民形成了全国抗日民族统一战线。中国军队先后进行了平津作战、淞沪战役、忻口战役、平型关战役，其中除平型关大捷外，大多损失惨重。

1938年4月，李宗仁领导的第五战区部队在台儿庄战役中歼灭日军1万余人。这是抗战以来中国取得的最大战役性胜利，打击了日本侵略者的嚣张气焰，坚定了全国军民坚持抗战的信心。

就在台儿庄战役爆发（台儿庄战役的起止时间有几种说法，一般认为从 1938 年 3 月 16 日开始至 4 月 15 日结束）的三天前，也就是 3 月 13 日，在距离山东台儿庄 1300 公里左右的福建省泉州市永春县紫美村，林俊德出生了。

永春县位于福建省第二大山脉戴云山脉南麓，山清水秀，景色宜人，古时被称为"桃源"。南宋著名理学家朱熹曾经数次游览于此，并留下"千浔瀑布如飞练，一簇人烟似画图"的诗句。

抗战时期的永春，则成了一片红色的热土。

卢沟桥事变之后，全国掀起抗日救亡高潮，各省、县纷纷组织抗敌后援会。1937 年 8 月 1 日，永春县抗敌后援会成立，同时成立了永春保卫团和肃清"仇货"委员会、抗日宣传队等组织，开展宣传活动。

当时，闽南地区曾掀起轰轰烈烈的爱国抗日歌咏活动。宣传队曾有组织有领导地到各乡各校教唱抗日歌曲，包括《救中国》《义勇军进行曲》《大路歌》《大刀进行曲》《松花江上》等。还有一些童谣广为传唱，如《好铁要打钉，好男要当兵》《月光光》《天乌乌》《滚滚滚》《咚咚咚》……

滚滚滚！中国打日本！

日本起战争，中国雾^①大枪。

大枪一下开，日本仔死甲归大堆。

咚咚咚！打锣打鼓真威风。

嘴食咸光饼，心想戚继光。

刀枪齐举起，来赶倭奴拍兵泵。

　　紫美村距永春县城 23 公里，四面环山，中间是一块平原，适宜耕种，村中大多数人都以种地为生。林俊德的父亲林宗海是一名小学教员，他牢记林氏"修身，齐家，治国，平天下"的祖训，在儿子出生后，特意从《尚书·尧典》中挑选出"俊德"二字，为其取名。希望儿子长大后，做一个才能和品德都很杰出的人。

　　1938 年 5 月 10 日，厦门沦陷。在日军的持续进攻下，福建多地战火连绵，永春也成了抗日的前沿。

　　据记载，自 1938 年 4 月至 1943 年 6 月，日军共出动战机 51 架次，7 次轰炸永春县城及五里街与附城一带，投弹近百枚，当地居民死伤数十人，店屋民宅与其他各类建筑被毁近百间。

　　1939 年秋天，受轰炸影响，林宗海所在的学校被迫停课。直到 1941 年底，福建战火渐熄，一些学校陆续迁回，他才重返

---

① 雾：喷射，大火力射击。

校园，继续担任教员。赋闲在家期间，林宗海对林俊德悉心教导，严格要求，不仅教他认字，还带他读《千字文》和《声律启蒙》，教他背《唐诗三百首》……

1943年7月，5岁的林俊德进入介福小学就读。虽然个子矮小，但他喜欢打球，热爱体育运动。父亲林宗海在介福小学教数学，受父亲影响，林俊德刚识字就特别喜欢看书，常常独自翻看父亲的教案本，从小就流露出对数学的浓厚兴趣。

1945年2月，林俊德从介福小学转入西安小学。尽管只有7岁，但在父亲的培养下，林俊德已经表现出勤思考、爱钻研的性

儿时的林俊德

格特点。尤其是在学习数学时，每当遇到难题，甚至顾不上吃饭也要先将其攻克。有时候，身为数学教员的父亲想点拨一下，他也不让讲，坚持靠自己解决。

四年级时，父亲调动工作，林俊德再次转学，进入南湖小学就读。生长于动荡的战争年代，他从小就听父亲讲述抗战英雄的故事，小小年纪就梦想着"打鬼子、当英雄"。在南湖小学的课堂上，他又陆续听到戚继光扫平倭寇、郑成功收复台湾、林则徐虎门销烟等历史故事，心中便埋下了一颗强军爱国的种子。

那个时候，他最喜欢做的事就是和同学们一起偷偷地跑到南湖小学的小楼里玩木枪，幻想自己是一名保家卫国的士兵。

二、长在党的恩情下

连续多年战火纷飞，整个国家满目疮痍，民不聊生。

覆巢之下安有完卵？烽火硝烟中，林家的日子极为艰难。林俊德的母亲郑苞是个农民，鲜有收入，一家人的生活主要靠林宗海担任小学教员的微薄薪水来支撑。那时，林家和所有中国老百姓一样，期盼着战争早日结束，能过上好日子。

1945 年 8 月 15 日，日本裕仁天皇宣布无条件投降。9 月 2 日，日本正式签订无条件投降书，中国人民取得了抗战最后的胜利。

1945 年 8 月下旬，中共中央接受蒋介石邀请，派毛泽东、周恩来、王若飞等赴重庆与国民党代表进行和平谈判。国共双方于 10 月 10 日正式签署《政府与中共代表会谈纪要》，即《双十协定》。

但没有人想到，国民党当局口头上表示承认"和平建国的基本方针"，实际上《双十协定》刚签订，蒋介石就发布了进攻解放区的密令。只不过这个时候，国民党还没有完全做好准备，不敢贸然撕毁《双十协定》。

1946 年 6 月 26 日，国民党军队在完成内战准备后，调集 20 多个师，向中原解放区大举进攻。原本以为抗战胜利后可以过上好日子的中国百姓，再次陷入水深火热之中。

1949 年 7 月，林俊德从南湖小学毕业。尽管他的学习成绩十分出色，但随着弟弟和妹妹相继出生，父亲微薄的薪水越来越捉襟见肘，一贫如洗的家庭已经没有能力供他继续读书，他只好辍学回家。

新中国的成立为他黯淡的前途带来了转机。

1949 年 8 月 23 日，永春全境解放，人民从此翻身做了主人。同年 9 月 20 日，中共永春县委和永春县人民政府成立。一旦云开复见天。在中国共产党领导下，永春掀开了新的篇章。

初冬，新成立的永春县人民政府对全县困难家庭进行统计，林宗海一家被列入了救助名册。在辍学几个月后，依靠政府助学金，林俊德得以重返校园。1950 年春天，他凭借优异的成绩考入永春第一中学。

这段特殊的经历在林俊德心里打下了深深的烙印。他在回忆往事时常说："是共产党、新中国让我家绝处逢生。"

由于永春第一中学在县城，而林家在 23 公里外的紫美村，林俊德只能住校。那时，林俊德的生活条件十分艰苦，甚至连被子也只能与同学共用。尽管如此，林俊德奋发图强、锐意进取，尤其在历史课上了解到旧中国屡遭人欺的原因之一是工业落后且不成体系时，他立志将来一定要造出属于中国人自己的先进机器。

从那时起，除了数学，他开始对物理、化学等学科产生了兴趣。因为他知道，只有学好数理化，才能真正掌握发明机器的本领。当时的林俊德不仅每门功课的成绩都十分优异，在理科方面更是有自己独到的见解，多次被学校评为"模范学生"。

他读高二时，父亲因病去世，全家唯一的经济来源中断了，这使原本就不富裕的家庭经济雪上加霜。为了减轻家里的压力，林俊德没有报考高中，而是将三个志愿全部填报了中专。之所以这样，就是因为读中专可以早一点毕业，他希望能早点出去赚钱，以补贴家用。

他的物理老师陈锦择了解内情后，根据林俊德的学习情况，建议他读高中、以后上大学，更好地发挥自己的才智。为此，陈锦择还特意走了 20 多公里的崎岖山路到林家说服林俊德的母亲同意让他继续读书。

最终，林俊德改变了主意。

每当回想自己的求学历程，林俊德总说："老师对学生的作用极其重要，我们提'教师是人类灵魂的工程师'，不无道理，我们时刻都不能忘本，时刻要牢记尊敬老师。"

父亲去世后，一家五口的生活全靠孱弱的母亲一人维持。林俊德看在眼里，疼在心里。除了周一至周五住在学校，周六上午上完课后，他总是不吃午饭就一路小跑回家，尽可能多地帮母亲分担一些杂活。

此外，他心里还有一个小算盘：周六中午的伙食费大约是两毛五分钱，不吃午餐，日积月累就能攒下一笔钱，够买一只小猪仔给母亲养。等小猪仔长大了，则可以卖更多钱，母亲紧锁的眉头就能暂时舒展。

从永春一中到紫美村，山路崎岖蜿蜒，步行要四五个小时。林俊德每周六跑回家就开始干活……周日下午再趁着天还没有黑，匆匆赶回学校。高中三年，不知道如此跑了多少个来回。

1955 年夏天，林俊德从永春一中毕业。在填报志愿时，他从未忘记儿时立下的志愿，毫不犹豫地选择了机械相关专业。艰苦的学习环境没有令他迷失人生方向，也没有消磨他的意志和求知热情，相反，他一直记得当年在历史课上心中曾暗暗立下的志愿——造出中国人自己的机器，科技报国。

三、鱼跃龙门出山乡

夏日的紫美村，山清水秀，风光绮丽，犹如一幅绿色画卷铺展开来。

高考结束后的暑假，林俊德大部分时间都在家中，为母亲分担家务和农活。

一天，他正在山上收拾柴火，远远地就看见妹妹兴奋地边跑边冲他招手。妹妹跑近后，递给他一份喜报。他打开一看，知道自己被浙江大学机械系录取了。

喜悦，就像一股甜滋滋、清凉凉的风，掠过心头。整理好激动情绪的林俊德，第一时间把这个消息告诉了母亲。母亲郑苞知道后，同样喜出望外。

消息迅速在紫美村传开，整个村庄都轰动了！乡亲们纷纷来到林家，向郑苞道喜。毕竟，这是这么多年以来，紫美村走出去的第一个大学生。

不过，高兴归高兴，现实问题也得细细思量：平时家里的温饱都成问题，哪里还有多余的钱给他交学费呢？

短暂的喜悦过后，母子俩开始为学费发愁。

林俊德明白，自从父亲去世后，目不识丁的母亲独自一人把自己和弟弟、妹妹拉扯大，已经极为不易。尤其是读中学这几年，自己已经给家里添了很大压力，如今说什么也不能再向家里伸手要钱了。

他甚至产生了放弃上大学的想法。

好在天无绝人之路。当时政府新成立了信用合作社，专门帮助农民解决困难。林俊德考上浙江大学的消息不仅轰动了紫美村，也轰动了整个介福乡，当郑苞向永春县介福乡信用合作社的工作人员阐明来意后，他们很快通过了她的申请。

回到家后，郑苞掏出腰间的布包，层层剥开，映入林俊德眼帘的是五张他从未见过的纸币，上面印着工人、农民、军人的人像——那是政府最新发行的第二套人民币，每张10元。

看着眼前五张崭新的纸币，林俊德的心中酸楚与暖流交织。他心疼母亲为了自己徒步来回，多方筹款，不知说了多少好话、陪了多少笑脸；他更明白这些钱里包含着母亲对他无穷的爱与期待。

不久，林俊德的母校永春一中在得知他的情况后，特意安排老师送来了20元路费。就这样，零零散散，一笔一笔地凑，母亲终于为他攒齐了上大学的学费。

为了给儿子送行，母亲郑苞赶在开学前为林俊德赶制了一双布鞋和一件上衣。1955年8月底，身穿母亲亲手做的衣服，挑着一根扁担，林俊德意气风发地迈出了从小生活的村子，离开送行人群的视线后，他赶忙用早早准备好的草鞋换下了母亲为他缝制的布鞋。

林俊德的学生登记册

这一年，他 17 岁。

由于当时福建还没有通火车，所有来自福建的学生，都要在江西上饶集合，再从那里坐火车去杭州。既是林俊德在浙江大学的同班同学，也是他的老乡的吴昌海从晋江出发，林俊德则从永春出发，两人在泉州相遇后，决定结伴前往学校。

当时的交通并不发达。从泉州开始，他们要先坐长途汽车到福州，再坐船到南平，接着坐长途汽车到江西上饶。从南平到上饶的客车由卡车改装而成，车厢是一个用布搭起来的简易棚子，风能直接刮进来。乘客很多，车厢内却仅有两条长板凳，大家挤成一团。一路颠簸，当汽车抵达目的地时，每个人的头发和脸上都是汽车飞速行驶时，车轮转动甩出的黄泥点子。

在江西上饶集合过夜后，第二天一早，他们便登上了去往杭州的火车。经过几天几夜的长途跋涉，第一次走出大山的林俊德，终于来到了美丽的西子湖畔，来到了他梦想中的浙江大学。

师生感悟

2017 年我步入浙大校园，自那时起，便陆续听到林俊德院士的感人事迹，由此心旌摇曳，我选择加入浙江大学马兰工作室，慢慢走近马兰，去了解那段历史和其中的故事。

作为马兰工作室的一员，在校期间我参加了一些相关的社会实践。在工作室的支持下，我们前往福建的林俊德故居、青海的原子城、新疆的马兰基地、陕西的西北核技术研究院，行程9516 公里，接力 26 天，形成了一条"高扬戈壁滩上马兰精神"的红色研学路线；马兰工作室致力于在新时代弘扬马兰精神，不仅在校内，更是走出校门，前往中小学、企业、党政机关等各地单位宣传马兰人物事迹，最远走到了巴西的华人小学、圣保罗领事馆和徐州工程机械集团位于巴西的工厂，与金砖国家重点行业企业合作建立了境外实践基地。在实践期间，工作室了解到了马兰基地内小学的教育困境，主动提出并从 2020 年起坚持每年暑期组织在校本研学生前往马兰小学支教，我也有幸作为其中的一员与基地里的小学生们度过了一个难忘的暑期，在育人之中实现自我成长。

通过数年的了解学习，我知晓了很多关于马兰基地的历史，了解了关于王淦昌、程开甲、林俊德等人的事迹，但一直没有真正明白为什么一代代马兰人始终坚持着"艰苦奋斗干惊天动地事，无私奉献做隐姓埋名人"的马兰精神。很幸运，《花开马兰——林俊德至诚报国的一生》的出版给我们提供了更为广阔和深入的视角，让我能够更进一步地了解林俊德院士的成长历程及其一生，从中感受马兰精神的来源。

林院士的一生经历了国家动荡、家庭变故，而在艰难的境况下，党和政府、老师、父母都给予了林院士充分的帮助，支持他成长成才，也在他心里根植了强军爱国、科技报国的思想。从林院士的身上，我能学习到身为人子所应当明白的事理、承担的责任，能感受到在人生重大抉择时的精神指引；从林院士成长所得到的帮助中，我能体会到我们的党和国家与人民休戚与共、生死相依，一切都是为了人民的根本利益。正是林院士的成长历程促使他毕业后选择扎根戈壁滩，为了我国的国际地位和人民的安全稳定奉献了自己的一生，直至冲锋到生命的最后一刻。

青春由磨砺而出彩，人生因奋斗而升华。我想，我们新一代青年大学生都应该深入了解以林俊德院士为代表的广大先辈的故事，从他们的生命历程中汲取经验，重塑自己的精神，努力成长为有理想、敢担当、能吃苦、肯奋斗的新时代好青年，成长为担当民族复兴大任的时代新人。

（浙江大学马克思主义学院 2023 级硕士研究生任奇）

第二章

负笈求是园

1897 年，求是书院创立。

1928 年，求是书院改名为浙江大学。

1955 年，林俊德考入浙江大学。

1959 年，国防部、总参谋部正式批准罗布泊为核试验基地。

1960 年，林俊德毕业，被分配到嘉兴工学院。

1963 年，林俊德从哈军工毕业。

一、少年初入临安城

杭州，是一座历史悠久的古城，最早可以追溯到 2200 多年前的春秋战国时期，五代吴越和南宋王朝都曾在这里定都。历史为这座城市留下了丰富的文化遗产，也孕育了风情无限的自然山水，其中最著名的便是西湖。

西湖是一片美丽的淡水湖泊，如同一颗碧绿的明珠。在西湖的西北角，矗立着一座郁郁葱葱的山峰，名为老和山。老和山山脚下坐落着一所著名高等学府，正是林俊德千里奔赴而来的理想求学地——浙江大学。

浙江大学是一所历史悠久、声誉卓著的高等学府，其前身求是书院创立于 1897 年，是中国人自己最早创办的新式高等学校之一。1928 年 4 月 1 日，求是书院正式改名为浙江大学，从此掀开了新的篇章。

浙江大学的校址一开始并不在老和山山脚，而是在杭州市上城区大学路。1950 年 3 月，时任教育部部长马叙伦前来视察时，认为校园空间太小，从长远发展看，必须另辟新址建校。1952 年，经过一系列勘察后,相关部门对新校园作出总体规划。1953年,浙江大学选址老和山下,开始建设新校园。1954年,第一批学生入住新校园,之后,各系科、机关各单位陆续迁入。1957年,所有院系彻底搬离大学路校舍,浙江大学校址从大学路变更为老和山山麓。

1955年8月,林俊德和吴昌海抵达浙江大学时,新校园的建设工作还没有全部完成。在吴昌海的记忆中,当时的新校园连

浙江大学玉泉校区第一教学大楼老照片

大门都没有，第三教学大楼也刚竣工不久。放眼望去，偌大一个校园，不过 3 幢教学大楼和 6 幢宿舍楼。

　　林俊德和吴昌海被分到了同一间寝室——3 号宿舍楼 139 室，他们的寝室内有 5 张床，都是上下铺，一共住了 9 个人。在那个物资匮乏的年代，林俊德的贫穷依然令人印象深刻。他的多位同学在回忆往事时都提到，因为担心磨破唯一的一双布鞋，林俊德只有在上课的时候才舍得穿上它，跑步运动时都直接打赤脚。

浙江大学玉泉校区第一教学大楼

不过，室友们从来没有因此嘲笑他。相反，大家看他打赤脚，觉得很好玩儿，常常会孩子气地打趣说："我们都打赤脚出去玩呗！"

大家还真的这么干了一回。

有一次，室友们有样学样，和林俊德一样打着赤脚出去玩，没想到等晚上回寝室洗脚时，发现所有人脚上都粘了黑黑的东西，竟然是沥青。原来，中午天气太热，路上的沥青变软，粘在了脚底。大家洗了半天也没洗掉，都哈哈大笑。

后来，林俊德唯一的布鞋磨坏了，只好赤着脚到教室上课。对此，同学们早就习惯了，而一位新来的老师看到后心生不悦，出言讥讽："大学生就该有大学生的样子，要有基本的文明礼貌，在教室里穿着邋遢、不修边幅，实在要不得！"

老师的一番话深深刺痛了林俊德。可他没有开口辩解，他认为老师批评得对，尊重课堂、尊重集体、尊重老师和同学，的确是每一个大学生应有的修养。

反倒是他的同学们看不下去了。

下课后，十几位同学结伴来到老师面前，为林俊德打抱不平。他们把自己了解到的情况告诉老师：林俊德父亲早逝，兄妹5个全靠母亲一人养活，家庭十分困难。他没有钱买蚊帐，晚上睡觉时，身上被蚊虫叮咬得满身是包。他买不起学习用具，连作图用的圆规都要向同学借……

　　了解情况后的老师十分后悔，当即决定在班上为林俊德组织募捐，有人送给他一顶蚊帐，有人送给他一把圆规……面对这份纯真朴实的师生情谊，林俊德再次感受到了来自集体的温暖。

　　大学期间，家庭困难的林俊德每个月可以收到 12 元的助学金。为了表示对课堂的尊重，在拿到助学金后，他第一时间去买了一双草绿色的回力鞋。后来，这双鞋他一直穿到大学毕业。

二、以梦为马勤驰骋

　　林俊德所在的班级为机械制造与金属切削专业 552 班。

　　全班一共 29 人，其中有 10 多人来自福建。

　　这并非巧合。

　　新中国成立初期，我国工业基础特别是重工业基础十分薄弱，相关工业人才匮乏。为进一步加速国家的经济建设，党中央于 1953 年提出了党在过渡时期的总路线，主体任务是逐步实现社会主义工业化。根据过渡时期总路线的要求，党中央决定制定发展国民经济的第一个五年计划。

　　新中国第一个五年计划，简称"一五"计划（1953—1957），是在党中央和毛泽东的直接领导下，由周恩来、陈云等主持编制，从 1951 年春天开始酝酿的。由于统计资料不全、统计经验欠缺，加上抗美援朝等因素的影响，"一五"计划只能边

林俊德（一排左二）大学时与同学的合影

计划、边执行，不断修订、调整、补充。

经过五次修改补充，1955年，也就是林俊德和他的同学们考上大学这一年，《关于发展国民经济的第一个五年计划的报告》正式公布。其中，"一五"计划在指导方针中提到，要集中主要力量发展重工业，建立国家工业化和国防现代化的初步基础；在基本任务中提到，五年中将新建一批规模巨大、技术先进的新兴工业部门，同时要用现代先进技术扩大和改造原有的工业部门。

在国家的号召下，当时许多高中毕业生在报考志愿时更倾向于工科较强的大学。心怀报国之志的林俊德便选择了被誉为"东方剑桥"的浙江大学。

"那个时候，大家读书都很用功，都期待着毕业以后为建设国家出一份力。"魏赛珍是林俊德的福建老乡，也是他的同班同学。当年上课的场景，她至今历历在目，"老师在上绪论课（通常是第一节课）时，几乎都会强调我们是未来的工程师。工程师在我们心目中是很了不起的职业，所以我们听完后，特别受鼓舞，感到自己责任重大，就更加用功学习"。

在一群怀揣工业报国梦想的年轻人中，林俊德尤为勤勉刻苦。

当时，以美国为首的一些帝国主义国家对新中国采取敌视的态度，实行外交孤立、经济封锁、军事包围等政策。

面对严峻复杂的国际形势，毛泽东在新中国成立前夕撰写的《论人民民主专政》一文中就提出了"一边倒"的方针，宣布了我国站在以苏联为首的社会主义阵营。自此，中苏关系进入"蜜月期"。苏联帮助中国新建和改建了156个大型工程项目，涵盖煤炭、电力、钢铁、化工、医药、军工等多个方面。大批苏联科学家、工程师、技术人员参与到这些工业项目的建设中，许多高校也在外语课程设计上首选俄语，其中就包括浙江大学。

林俊德（一排左三）与同窗的合影

1955年，浙江大学机械系、机械工程学系共招收300人左右。大部分同学在中学期间学习的外语为英语，进入大学后，许多人是第一次接触俄语。俄语的发音、识记本身就具有一定难度，作为土生土长的福建人，从零开始的林俊德在学习俄语时，要转变根深蒂固的语言习惯，相对更为吃力。

为了克服语言难关，每天早上6点，起床号一响，林俊德就迅速起床。他把生词等需要背诵的内容写在纸条上，方便随手翻阅；不背诵的时候，就反复练习口语。到了周日，林俊德还经常去杭州市解放路的新华书店，阅读相关俄语书籍。

在专业课方面，林俊德延续了从小养成的学习习惯，主张自己动脑筋，不愿意过多依赖老师，除非遇到难度系数较高、个人无法解决的问题，才会主动请教。其间，针对数学等难度较大的科目，老师们开设了答疑课、习题课。课堂上，学生们通常一对一结对学习，林俊德总是带别人学的那个。

当时，浙江大学教学参考苏联模式，部分课程在学期结束后，以考查的形式进行，无需考试，但需要根据平时表现、作业和讨论来打分；部分课程在期末既要笔试，还要口试。大学期间，林俊德的各科考核几乎都是"满分"或者"优秀"。

不过，勤奋刻苦和成绩优异并不意味着林俊德是一个只会学习的书呆子。他爱好广泛，擅长乒乓球、排球、跑步、爬山、游泳等体育运动。

1956 年，63 岁的毛泽东第一次在武汉横渡长江。此后的 10 年间，毛主席多次畅游长江。在毛主席的影响之下，游泳运动在全国蔚然成风。

浙江大学有游泳馆，晚上下课后，林俊德经常去那里游泳，一直游到关门为止。叶曼清是林俊德的同班同学兼室友，也是他在校期间最为要好的朋友，毕业后，两人长期保持着书信往来。在叶曼清的记忆中，大学时期的林俊德擅长仰泳，25 米的泳道，他一口气能游 10 个来回。

林俊德的成绩单

　　为了锻炼体魄，林俊德以毛主席为榜样，坚持冬泳。每当入冬，学校游泳馆不再对外开放，林俊德便到校外一处池塘里游。叶曼清怕冷，不敢跳进去，就在岸边帮林俊德看衣服。叶曼清说："看着他在池塘里游来游去，我都不自觉地发抖，但他能坚持10多分钟。"

　　如今，浙江大学在杭州拥有多个校区，玉泉校区为其中之一。

老和山，几乎被认为是玉泉校区的代名词。对于在这里念书的浙大学子而言，爬老和山已经成为一项保留项目，承载着他们的青春回忆。

而这一保留项目，从他们的学长林俊德读书那会儿，就已经开始了。

周末，林俊德常常约上好友一起爬老和山，一直到北高峰。他们会随身携带几个馒头和一壶水，有时还会带上一些榨菜或萝卜干，中途补充体力。

林俊德（右）同他人的合影

叶曼清记得，有次和林俊德一起爬山，听到他对自己说"上山容易下山难"。不知道为什么，如此简单的一句话，却被叶曼清在潜意识里记了许多年。后来，叶曼清知道了林俊德的所作所为，才意识到当时林俊德或许是在告诫他要有耐心，坚持向前走，不懈奋斗，也不要一时冲动，要考虑到后期会遇到的困难。

林俊德也有不喜欢的活动，那就是跳舞。不上课的周末，第三教学大楼的圆柱大厅里便会传来音乐声，喜欢热闹的学生经常聚在此处一起跳舞。林俊德的许多同学都跳过，可他从不参与，只是偶尔路过时在旁边看一会儿。

三、小荷才露尖尖角

"现在我们能造什么？能造桌子椅子，能造茶碗茶壶，能种粮食，还能磨成面粉，还能造纸，但是，一辆汽车、一架飞机、一辆坦克、一辆拖拉机都不能造。"[①]1954 年 6 月，毛泽东曾如此说道。

"一五"计划彻底扭转了这一局面。

从鞍山钢铁公司的三大工程——大型轧钢厂、无缝钢管厂、七号炼铁炉举行开工生产典礼，到长春第一汽车制造厂生产的第

---

① 毛泽东文集：第六卷 [M]. 北京：人民出版社，1999：347.

一批国产"解放牌"载重汽车出厂；从中国试制成功第一架喷气式飞机，到中国第一座长江大桥在武汉开始修建，"一五"计划实施的五年间，新中国工业化建设捷报频传。

1957年12月7日，中华全国总工会第八次全国代表大会宣布"一五"计划超额完成，我国不但已经确立了社会主义的政治制度和经济制度，同时建立了社会主义工业化的初步基础。短短几年之内，一连串胜利接踵而至，使人们相信中国富强的目标能在一个较短的时间内实现。

1958年，全国掀起了一股建设社会主义的高潮。

正在念大三的林俊德和同学张文斌接到了一项重要的科研任务——完成国家急需的一种新型液压马达的设计制造。

液压马达是一种利用液体压力产生动力的机器，它的起源最早可以追溯到19世纪初期。当时蒸汽机已经广泛应用于工业生产，但由于蒸汽机体积庞大、重量沉重，难以移动和安装，于是西方世界开始研发一种既具有足够的动力和灵活性，又不会占用太大空间的新型动力机械，液压马达由此应运而生。

当时，我国使用的多是电马达，转起来容易出现电火花，进而引起爆炸。液压马达使用高压油作为驱动，性能稳定，还能够实现无级变速。随着工业化的不断发展，它不仅应用于各种机械设备中，还广泛应用于汽车、船舶、航空等领域，是现代工业生产中的重要动力来源。

此前，林俊德和张文斌完全没有接触过液压马达，就连国内研究液压技术的专家——他们的指导老师童忠舫也从未有过相关设计经验。

接到任务后，两位年轻人抱着"没做过，也要尝试做出来"的信念，第一时间翻遍了整个浙江大学图书馆，可惜没找到相关资料。随后，两人又去浙江图书馆查找资料，同样无功而返。

就在他们毫无头绪之际，老师童忠舫带着他们拜访了一位苏联专家，请他为二人介绍液压马达的设计原理。庆幸的是，这位苏联专家当时刚好在浙大机械系；只是，他马上就要离开中国了，只匆匆画了一个液压马达结构的简单示意图。

从这张草草画就的示意图开始，林俊德和张文斌开始了他们的研发之路。

他们先是用一个星期琢磨示意图，慢慢领悟、细化，有了一定想法后，再尝试独立画图设计。

画图时，张文斌负责零件，林俊德负责总装，即把张文斌画的零件全部画到一张图里。由于时间有限，他们几乎昼夜不分地赶工，最长的一次甚至连续三天三夜没睡觉。到第四天凌晨两点时，张文斌实在吃不消了，打算睡一会儿，起来再继续，并叮嘱林俊德也休息一下。可等他六点钟醒来时，看到林俊德依然在画，而且已经完成得差不多了。

在几乎没有基础的情况下，经过两周奋战，林俊德和张文斌

同学们在实验室学习的场景

成功完成了设计部分。随后，他们把设计图稿拿到浙江大学机械系的工厂加工。

液压马达涉及许多零部件，有些学校工厂就能找到，可以直接拿来使用；有些工厂里找不到，需要重新制造。其中，部分需要重新制造的零件的公差设计得很小，工厂的老师傅无法加工出来，林俊德和张文斌只能自己动手，一点点磨出来。

经过不懈努力，一周后，一台新型液压马达终于成型。

液压马达研制成功后，效果究竟如何，需要在液压试验台上进行校验。当天，机械系的老师和同学们都围过来参观。省里的一位领导当时正好在浙江大学考察，了解情况后很感兴趣，决定到现场观摩。

张文斌至今仍然记得那一幕："当时油^①已经接上了，但是动不动得了还没有试验过，我们特别紧张，慢慢把油通进去，结果它真就'呜呜呜'地转起来了，从最开始每分钟几十转，到最后 5000 多转，我们高兴得快要跳起来了。"

新型液压马达的研制成功，让人们看到了林俊德初步展露的科研才华。这份克服重重困难取得的成果，也证明了他在中学历史课上许下的工业强国梦想，不是一时心血来潮，而是化作了脚踏实地的行动。

四、灿若星辰求是人

"一五"计划结束后，中国人民被激发出来的创造热情，依旧高涨。

在国家的号召下，1958 年，浙江嘉兴秀州中学改建成为嘉兴工专，专门培养来自各单位的调干生。1960 年，嘉兴工专与

---

① 液压马达又叫油马达，使用高压油作为驱动。

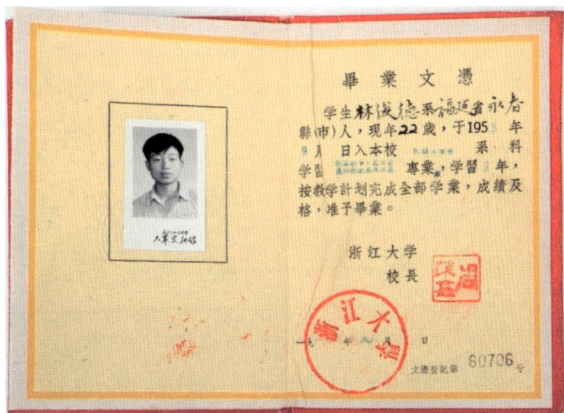

林俊德的大学毕业证书

浙江大学联办，升格为嘉兴工学院。同年 7 月，林俊德以优异成绩从浙江大学机械系毕业，被分配到嘉兴工学院，成了一名教师。

秀州中学创建于 1900 年，底蕴深厚，历史悠久，诺贝尔物理学奖得主李政道，数学大师陈省身，中国科学院院士顾功叙、周廷儒、谭其骧、周廷冲等杰出科学家都曾就读于此。还有一位不得不提的科学家，就是后来被誉为中国"核司令"的程开甲。

没有人预料到，在平行时空中各自生活的程开甲和林俊德，在不久后的将来，命运会产生交集。

程开甲比林俊德大 20 岁，林俊德出生那年，作为浙江大学一名大二的学生，他正和师生们一起行走在西迁路上。

1918 年 8 月 3 日，程开甲出生在江苏吴江的一个殷实家庭。

在他还未出生时，祖父就为他取好了名字——开甲，意为"登科及第"，希望他以后能读书做官，光宗耀祖。程开甲也没有让祖父失望，于1937年考入浙江大学物理系。

1937年，是中国近代历史上屈辱的时刻，也是中国教育史上值得铭记的一年。"七七事变"爆发后，为了让中国教育文脉得以延续，华北、东北、华东等地区的高校相继迁往西南等地。

1937年11月11日，在著名地理气象学家、教育家竺可桢校长的率领下，浙大师生怀着"教育救国，科学兴邦"的理想，踏上漫漫西迁路。此次西迁历时两年多，穿越六个省，行程2600公里，最终于1940年将校址迁至贵州省遵义、湄潭，在当地办学七年。

在此之前，浙江大学曾先后迁到建德（今梅城镇）、泰和、宜山等处办学，程开甲的大学生活，几乎一半都是在西迁路上度过的。

当时，天上不断有日军飞机轰炸，有一天甚至曾落下118枚炸弹，教室、宿舍被炸毁，行李、书本全被焚毁。颠沛流离中，心系祖国命运的程开甲逐渐意识到，中国挨打的根本原因是科学技术落后。

在浙江大学物理系，程开甲遇到了影响他一生的"大先生"们——"中国雷达之父"束星北，数学家苏步青、陈建功，以及后来被授予"两弹一星功勋奖章"的物理学家王淦昌。

王淦昌出生于 1907 年，比程开甲大 11 岁，比林俊德年长 31 岁。他是清华大学物理系第一届本科生，23 岁时前往德国柏林大学攻读博士学位，师从被爱因斯坦称为"德国的居里夫人"的著名女科学家莉泽·迈特纳，成为其唯一的中国学生。

在柏林大学就读期间，王淦昌学习了最新的物理学理论与实验技巧，并展示出非凡的科学见解和广阔的实验思路。1933 年 12 月，王淦昌在顺利获得博士学位后，毫不犹豫地选择回到祖国。他说："我是学科学的，但我首先是中国人。现在我的祖国正在遭受苦难，我要回到祖国为她服务。"

1934 年，王淦昌回到日夜思念的祖国。

回国后，王淦昌先在山东大学任教，后应竺可桢之邀来到浙江大学，成为学校最年轻、最受欢迎的教授。

王淦昌随浙大途经浙江建德、江西泰和、广西宜山等地。一路上，他开设了近代物理课和军用物理课，即便修课的学生只有两名，他也一样认真备课、讲课，并关注着世界物理学研究领域的最新动态。

那时候，为了躲避日军轰炸，学生们要随时"跑警报"。只要警报声一响起，大家就得跑到溶洞里继续上课。程开甲正是在溶洞中听了王淦昌的课之后，感受到了物理学的妙处，立志学习物理报国。

尽管在危难中颠沛流离，西迁时期，浙江大学依旧坚持教学，坚持科研，尤其是在贵州遵义、湄潭安定下来后，师生们甘苦与共，培育出一朵朵惊艳世界的科学之花。

战时科研仪器缺乏，实验条件简陋，许多实验难以进行，王淦昌没有听天由命，而是想办法创造做实验的条件：没有酒精、烧杯，就以木炭、茶杯替代；没有高真空系统循环水流，就设法将水桶放在高板凳上，利用落差提供水流；没有电，就利用废旧汽车的发动机发电……最终成功研制出了荧光粉——磷光硫化锌，为国家填补了科研空白。

当时，物理学界流传着"中微子"的传说，但无人能证实它的存在。在身患肺结核的情况下，王淦昌单凭大脑推算写出了《关于探测中微子的建议》，并于1941年在美国《物理学报》发表。次年，美国学者阿伦按照论文中的建议成功完成了Be7的K电子实验，并将其命名为"王淦昌－阿伦实验"。这是1942年国际物理学界最重要的成就之一。后来，美国科学家奥本海默根据这个实验结论制造出了美国第一颗原子弹。

1953年，美国科学家莱茵斯受到这篇论文的启发，第一次在核反应堆中捕捉到了中微子，并于1995年获得诺贝尔物理学奖。

1997年4月1日，王淦昌参加浙江大学百年校庆时，深情地说："我从29岁到45岁在浙大工作16个年头，时间不算太长，但作为一个科学工作者，这16个年头正是我一生中科研思想特别活跃的时期。在黔北湄潭这段时间是我一生中科研思想特别活跃、成就较多、最值得追忆的时光之一。"

此外，许多著名学者如卢鹤绂、苏步青、陈建功、贝时璋、谈家桢、罗宗洛等，也都在这里取得了一生中最重要的学术成就。

在湄潭的唐家祠堂，谈家桢发现了瓢虫色斑变异的嵌镶显性现象，并用两年时间搞清了其中的机制和规律。这一成果于1946年在美国《遗传学》杂志发表后，引起国际遗传学界轰动，学界认为它是对摩尔根遗传学说的丰富和发展。

苏步青在湄潭期间发表论文近百篇，编撰了多本数学专著和教材，并在微分几何研究方面取得了突破性进展，被称为"东方第一几何学家"。

……

1944年10月，英国剑桥大学生物学家、皇家科学院院士李约瑟博士应浙江大学校长竺可桢之邀，来到湄潭访问浙大。

他惊叹于浙大教学、科研所取得的惊人成就，回国后著文称："在重庆与贵阳之间叫遵义的小城里可以找到浙江大学，是中国最好的四所大学（西南联合大学、中央大学、武汉大学、浙江大学）之一……遵义之东75公里的湄潭，是浙江大学科学活动的中心。在湄潭可以看到科学研究活动的一派繁忙景象。在那里，不仅有世界第一流的气象学家和地理学家竺可桢教授，有世界第一流的数学家陈建功、苏步青教授，还有世界第一流的原子物理学家卢鹤绂、王淦昌教授，他们是中国科学事业发展的希望……这里是'东方剑桥'。"

1946年秋，抗战胜利后，浙江大学迁回杭州办学。

此时，程开甲已经从浙江大学物理系毕业，留校担任助教5年。他没有选择回杭州继续从事教学工作，而是经李约瑟推荐，前往爱丁堡大学，成为有着"物理学家中的物理学家"之誉的玻恩教授的学生。在玻恩身边的4年，程开甲选择超导理论研究作为主攻方向，学到了许多先进知识，特别是了解到不同学派、不同观点的分歧，还结识了狄拉克、海特勒、薛定谔、缪勒、鲍威尔等科学巨匠。

1947年9月，王淦昌在回到杭州一年后，也选择走出国门，作为访问学者前往美国加州大学伯克利分校，从事研究工作。

1949年，解放的春风吹向神州大地。在海外的中国科学家们，仿佛感受到祖国母亲的召唤，纷纷踏上归程。王淦昌带着国内奇缺的科研用电子元器件和一个直径30厘米的云室，回到中国。

1950年，程开甲谢绝了导师玻恩的挽留，沐浴着新中国旭日东升的晨光，回到阔别已久的祖国。他的行李箱里，装满了建设新中国急需的固体物理、金属物理方面的书籍和资料。

回国后，两位科学家投入到新中国物理学的建设中。王淦昌先后出任中国科学院近代物理研究所研究员、副所长，主持制定了中国近代物理研究所第一个五年计划，强调实验研究和基础研究，为我国之后的原子能应用以及高能粒子物理的发展打下了基础。其间，他还曾奔赴朝鲜战场，在极其艰苦与危险的条件下，完成了探测美军是否使用原子武器、投掷放射性物质的任务。

1956 年 9 月，王淦昌到苏联杜布纳联合原子核研究所任研究员，由他领导的研究小组发现了反西格玛负超子。就在物理学界猜测王淦昌是否会因此获得诺贝尔奖时，他却突然销声匿迹了。

回国后的程开甲则先在母校浙江大学任教，后由于院校调整，1952 年被调至南京大学。其间，为了适应国家搞经济建设的需要，程开甲主动把自己的研究重心从理论转向理论与应用相结合。1958 年至 1960 年，根据组织安排，程开甲和施士元教授一起创建了南京大学核物理专业，为其发展打下了基础。

1960 年 7 月，南京大学校长郭影秋把程开甲叫到办公室，递给他一张纸条，要他按地址到北京报到。从此，程开甲这颗物理学界冉冉升起的新星，逐渐从大众视野中消失了。

五、此心献与家国情

新中国成立之初，国内百废待兴，而国际上一场核军备竞赛正日趋白热化。

1945 年 7 月，美国成功爆炸第一颗原子弹。8 月 6 日、9 日，美国向日本的广岛和长崎各投放了代号为"小男孩"和"胖子"

的原子弹。瞬间，两座城市化为废墟。

自此，核阴影便笼罩了整个世界。

第二年，毛泽东在延安接受美国记者安娜·路易斯·斯特朗采访时，说出了那句著名的话，"原子弹是美国反动派用来吓人的一只纸老虎，看样子可怕，实际上并不可怕"[①]。

1949年8月29日，苏联宣布成功试爆本国第一颗原子弹，打破了美国苦心建立起来的核垄断。

同年12月，毛泽东第一次踏出国门访问苏联。访苏期间，苏联方面为他播放了当年苏联成功爆炸试验第一颗原子弹的新闻纪录片。也许是受到纪录片中核武器爆炸威力的震撼，毛泽东在归国途中说道："这次到苏联，开眼界哩！看来原子弹能吓唬不少人。美国有了，苏联也有了，我们也可以搞一点嘛。"[②]

1950年，朝鲜战争爆发，美国直接把原子弹运送到了朝鲜半岛附近的航空母舰上，扬言要把原子弹当作普通炸弹使用，我国安全形势空前严峻。

美国挥舞的"核大棒"让毛泽东认识到，要消除核威胁就必须拥有核武器。他后来说："在今天的世界上，我们要不受人家

---

① 毛泽东军事文集：第三卷 [M].北京：军事科学出版社、中央文献出版社，1993：386.

② 叶子龙口述.叶子龙回忆录 [M].温卫东整理.北京：中央文献出版社，2000:186.

欺负，就不能没有这个东西（原子弹）。"①

1955 年 1 月 15 日，党中央毅然做出开创我国原子能事业和研制核武器的重大战略决策。

由于经济和技术落后，中国一开始寄希望于社会主义阵营的老大哥苏联能够提供支援。经过交涉，1957 年 10 月 15 日，中苏签订了关于国防新技术的协定。苏联正式同意帮助中国发展尖端武器，并答应向中国提供一个原子弹教学模型和生产原子弹的技术资料。

然而，中苏关系从赫鲁晓夫上台后便日趋紧张起来。1959 年 6 月，苏联单方面撕毁中苏双方签订的关于国防新技术的协定，"暂停"向我国提供核武器样品和技术资料，理由是不能影响苏美英三国关于《禁止核武器试验条约》的日内瓦谈判。

1960 年 7 月 16 日，苏联政府公然照会中国政府，单方面决定撤走在华的苏联专家。

苏联专家的撤离让中国的核武器研究陷入了困境，当时已经建好的工厂全部停工，各种机器也被弃置。在这关键时刻，1960 年 7 月 18 日，毛泽东在北戴河中共中央工作会议上坚定地说："要下决心，搞尖端技术。赫鲁晓夫不给我们尖端技术，极好！如果

---

① 十惊大动地事 做隐姓埋名人 [EB/OL].（2021–05–11）[2025–07–07] .http://
dangshi.people.com.cn/n1/2021/0511/c436975–32099785.html

给了，这个账是很难还的。"[1]

到 8 月 23 日，在中国核工业系统工作的 233 名苏联专家全部撤离，并带走了重要的图纸资料。

自此，我国的核武器研究走上了自力更生的道路。为了铭记 1959 年 6 月苏联撕毁协定的时间，中国原子弹研制工程被命名为"596 计划"。

在领袖的号召下，一大批科学家、工程师从原有工作岗位被选调到核工业建设和核科学技术研究队伍之中。同时，许多优秀的大学毕业生被优先分配充实到这些刚刚设立、高度保密的国防军工科研生产单位，并严格按照保密要求，切断与外界乃至家人的联系，从此"人间蒸发"。

在程开甲接到秘密任务的两个月后，1960 年 9 月，一封电报拍到嘉兴工学院，让林俊德速回杭州，工作重新分配。

林俊德感到有些奇怪，心想，难道是毕业时学校把工作分配错了？心神不定的他赶到学校。一见面，教务主任就立即把他带到一个身材高大的军人面前，说："你跟着他走吧，他要去的地方就是你今后工作的地方。组织上再三考虑后，才决定把你要回来重新分配的。"

---

[1] 中共中央文献研究室.毛泽东思想编年史：一九二一——一九五七 [M].北京：中央文献出版社，2011:901.

首都天安门留影 1960.10 北京大北楼

林俊德在天安门前留影

　　望着教务主任期待的目光，林俊德默默地点了点头，说："行！"

　　第二天，林俊德和另外一名同学跟着那位军人踏上了北去的列车。在列车上，"神秘"的军人和他们谈笑风生，显得十分亲近，可对他们关心的目的地以及今后要从事的工作却闭口不谈。列车到终点站了，林俊德看到站牌上写着两个十分亲切的字：北京。

　　林俊德和一起来的同学住在一处幽静的营地里。一天，营地饭堂里突然出现了几个戴皮帽、穿皮大衣、满脸胡子的人。一名女生惊奇地叫了起来："哟，看他们的脸多粗，干死了。"他们仿佛是"天外来客"，一下子便在学员中引起了骚动。

当晚，一条内部消息悄悄流传开来：他们是从大西北来的，要把我们带到他们那儿去搞试验。

果然不出所料。第二天，部队首长带着那几个大西北来的人向大家摊了底："为反对霸权主义，打破帝国主义核垄断，我们国家正在西北建设一个核试验场，需要大批有志气、有才华的青年。我们把你们挑来，正是为了去那里从事这项伟大而神圣的事业。"

霎时，人群哗然。

有的人惶惑，有的人沉思不语，更多的人的内心犹如岩浆喷发，热血在奔涌。林俊德在此时终于明白，自己的命运将与祖国的命运连在一起，一种民族自豪感和神圣使命感在他的胸中升腾而起。

后来，林俊德在回忆这段经历时写道："我是靠政府的助学金上完中学和大学的。我非常感激党和政府对我的培养，毕业时我就想着我不能忘恩负义，应该在未来的工作中多给国家做点事。后来我被分配到部队工作，到北京后才知道，我将来的工作地点不是在北京，而是在新疆，是搞原子弹试验工作的。此时，我心里久久不能平静。我太幸运了，我得到了一个报答祖国和人民培养的好机会。"

六、我将无我为人民

核试验是国家工程，我国所有参与到核试验事业中的人，上至党和国家领导人，下至普通官兵，都对核试验的保密工作高度重视。

为了培养队伍的纪律性和军人作风，林俊德和同事们必须参加 5 个月的入伍集训。

根据组织规定，集训前每人可以回家探亲一次。自从离开紫美村，林俊德已经 5 年没有回家了。母亲身体可好，弟弟妹妹学习成绩如何……他心里一直惦记着。上大学时不回家是因为没有钱，这一次探亲可以报销路费，对于林俊德来说，机会十分难得。

可犹豫再三后，他还是放弃了。

林俊德认为，自己这次从杭州到北京的路费，已经全部由国家担负，若再让国家花钱，实在不应该！他心想，如果真的想回家，可以等后面真正参加工作了再说。

集训被安排在北京郊区的一个军营里，训练内容包括内务卫生、队列训练、体能训练、军事技术训练、保密纪律教育、政治学习等。经过一系列军事化训练后，林俊德可以叠出方方正正的被子，也能和同伴走出整齐划一的方阵，更懂得了保密和服从命

林俊德曾经工作的地点

令的重要性……顺利实现了从大学生到军人的身份转变。

1961 年 2 月，入伍集训结束，林俊德被授予中尉军衔，正式成为一名光荣的中国人民解放军军官。

集训结束后不久，便是春节。2 月 16 日这天，林俊德特意请假去逛首都北京。在王府井新华书店，他买了一套《毛泽东选集》。为了表示纪念，还在这套选集第一卷的扉页上，工工整整地写下了自己的名字和当天的日期。此后 50 年，林俊德一直将这套书带在身边。

没多久，林俊德被派往哈尔滨中国人民解放军军事工程学院（简称哈军工）进修。当时，哈军工是新中国最高军事技术学府，集中了一大批著名的科学家，由陈赓将军担任院长。

在许多青年学子眼里，能够到该校学习，是一种荣誉。

林俊德学习的专业是冲击波测量，对于大学期间学习机械相关专业的他而言，这是一个完全陌生的领域。他不但要从零开始学习空气动力学、冲击波理论等课程，由于大学期间学的外语为俄语，他还要重新开始学习英语。

入校时，曾有领导嘱咐林俊德，冲击波测量专业是建设新中国急需的，任务很重，原本五年的课程必须在两年内全部完成。

为了抓紧一切时间学习，两年中，林俊德没有上过一次街，没有看过一场电影，每天都是宿舍、教室、图书馆三点一线。同时，在西方世界对我国进行技术封锁的大背景下，林俊德借助字典，把美、英、苏三国 20 世纪 30 年代以来有关力学和仪器方面的期刊都查阅了一遍，并建立了资料卡片，尽可能多地掌握相关知识，了解国外武器的发展动向。

战友们都亲切地叫他"林疯子"。

1962 年春节前夕，林俊德突然收到一条命令，让他赶紧回家。林俊德一开始还以为家里出了什么事，向王元才处长询问后，才知道原来是组织考虑到他已经 7 年没有回家了，应该利用春节回去看看。

林俊德虽然很想回家，但一想到临近期末，便向领导申请不如等考试结束后再动身。王处长则对他说："你的学习情况我们了解，不用考了！"并命令他马上收拾行李回家！

就这样，在离开紫美村7年后，林俊德第一次踏上了回家的路。

林俊德永远忘不了那一幕：当他走到家门口的小路上时，远远地便看见了母亲的身影。母亲也看到了一身戎装的他。7年前离开家时，林俊德又矮又瘦，现在不仅长高了，也长胖了一些，整个人精神了许多，她犹豫着不敢认。直到一旁的婶婶提醒她：是俊德啊！

母子俩这才相认，激动地拥抱在一起。

在此之前，还有一件事情令林俊德十分感动。林俊德曾收到家人的来信，说收到了20元钱。经过了解，林俊德才知道，原来部队了解到他的家庭条件困难，特地给他发放了一份补助。为了不影响他的学习，便没有告诉他。

林俊德常常感叹："在部队这个大家庭里，我没有想到的，组织上都给想到了。"

在紫美村过完春节，林俊德在家没待几天，便急忙赶回哈军工继续学业。心怀感恩之情的他暗下决心，一定要好好学习，不辜负部队和家人的期望。1962年12月，两年的进修结束时，他因各门课的学习成绩全是优秀，被评为年度先进工作者。

1963年1月，林俊德以优异的成绩毕业，从哈军工学成归来。此时核试验基地技术部的番号已撤销，重新改组成立了核试验基地研究所。5月，研究所成立了冲击波机测仪器研制小组，25岁的林俊德被指定为组长。

从此，和王淦昌、程开甲一样，林俊德与我国的核试验事业结下不解之缘，开启了他隐姓埋名的奉献人生。

师生感悟

2012 年，感动中国十大人物颁奖典礼时，还是高二学生的我看到了电视上那个戴着氧气面罩的将军，还穿着高中校服的我没有想过有一天能成为这位将军的校友，甚至能在这位"老学长"奋斗过的浙江大学玉泉校区第一教学大楼完成自己的本科学业。

1955 年，林俊德用扁担挑着行李，从福建来到浙江大学机械系求学。2014 年我带着行李，也像林俊德一样，来到了浙大机械工程学院，开始了我的大学生涯。2017 年，由机械学院牵头，浙大成立了马兰工作室，宣传以林俊德为代表的中国核试验基地官兵"艰苦奋斗干惊天动地事，无私奉献做隐姓埋名人"的马兰精神。大四时，我加入了马兰工作室，对林俊德的了解也就此开始深入。

作为马兰工作室成员，我最幸运不过的是去林院士在西安军区退休所的家，拜访林俊德的夫人黄建琴阿姨。

黄阿姨跟我们讲他们是怎么认识并结婚的，婚后在马兰的生活如何，以及林院士平时是怎样的人。我发现林俊德虽然是威严的将军，是严格的老师，是伟大的科学家，但在平时也是个普通人，是会和夫人拌嘴的普通丈夫，还是会和孙子"抢"电视看的普通爷爷。我想，林院士当年第一次步入浙江大学校门，第一次走进玉泉校区第一教学大楼大教室时的心情，同60年后我们的心情，大概也别无二致吧。

提起林院士在浙大的求学时光，黄建琴阿姨说，林院士最喜欢的就是那块浙大百年校庆纪念手表，那原本是一对情侣表，黄阿姨平时不常戴，所以女表现在还像新的一样保存在家里。但林院士那块男表，他用胶带修修补补戴了十几年，临终都一直戴在自己的手腕上，黄阿姨说这是他对母校深深的依恋。

林院士的家里有一幅巨大的画，上面画着傲然不屈的胡杨树。站在这幅画前，我突然深切地感受到，作为浙大机械学子，必须像胡杨树一样，顽强、刚劲，拥有不屈的灵魂，狠狠地扎在祖国的土地上！这大概便是包括林院士在内的一代又一代浙大机械人传递给我们的信念。

今天再次重读林俊德"老学长"在浙大的学习时光，便理解了他如何从一个默默无闻的乡村少年，在浙江大学的培养下逐渐展露科研才华。我想，这些故事将永远激励着后来者步趋麟趾，踵武前贤。

（浙江大学机械工程学院2022级博士研究生李杨宁）

第三章

攻关在马兰

1962 年，二机部组建核试验技术研究队伍。

1963 年，原子弹理论设计完成。

1964 年，林俊德和项目组同事进入新疆罗布泊核试验场。

1964 年 10 月 16 日 15 时，我国第一颗原子弹（塔爆）起爆。

1965 年 5 月 14 日 9 时，我国成功进行原子弹空爆试验。

1967 年 2 月 17 日，林俊德与黄建琴结为夫妻。

1967 年 6 月 17 日 7 时，我国第一颗氢弹爆炸成功。

1969 年 9 月 23 日零时，我国第一次地下核试验成功。

一、年轻后生挑大梁

冲击波，是核爆炸后产生的一种以超声速传播的波，杀伤力巨大。它是核爆炸最重要的杀伤因素，也是衡量核武器威力的主要参数，利用对冲击波波形的测量，获得原子弹爆炸威力的数据，是检验原子弹是否成功爆炸的关键性标志之一。

1962 年 9 月，第二机械工业部（简称二机部）向中央提出争取在 1964 年，最迟在 1965 年上半年试爆第一颗原子弹的"两年规划"。同年秋天，钱三强推荐时任二机部中国核武器研究所副所长的程开甲担任我国核武器试验研究的技术总负责人。11 月，程开甲接受中央军委委派，负责组建核试验技术研究队伍。

在没有把握的情况下，为了确保万无一失，做好首次核试验的冲击波测量，程开甲提议设立九个冲击波测量仪器研制小组。

其中，八个项目组分别由中国科学院的声学所和自动化所、哈尔滨军事工程学院和工程兵三所承担，一个项目组由核试验基地研究所负责——这便是林俊德所在的冲击波机测仪器研制小组。

有人认为，就这种布局看，对于林俊德负责的冲击波机测仪器研制小组，领导们并没有抱太大期望，他们更多的是想通过研究所自己负责的项目探路，同时把实验室建设带动起来。

不过，林俊德和项目组的同事并没有受到影响。对于刚走出大学校门的他们来说，能够为国家的核试验事业贡献一份自己的力量，已是一种无上的荣耀。于是，一群怀揣着爱国心的青年，勇敢地接下了这个看似不可能的挑战。

困难，也在接下任务的那一刻，迎面而来。

据林俊德项目组组员叶兴友回忆："当时西方国家对我们封锁很严，苏联又背信弃义，撤走了专家，带走了一切资料。那种仪器是什么样子，别说我们这些普通科技人员，就是领导和专家也不是很清楚。"

也就是说，林俊德和项目组同事只知道要研制一台设备用来测量冲击波波形，但对"设备长什么样子、如何实现测量功能"一无所知。在叶兴友的记忆中，面对如此艰难的境遇，林俊德非但没有泄气，反而自信地激励大家：科学的东西谁都可以掌握，只要钻进去，开了窍，就没有解决不了的难题。林俊德的自信不是说说而已，很快便化为了实际行动。

正如在浙江大学机械系就读期间，他在只有一张草图的情况下，和同学张文斌共同研制出了第一台液压马达；也正如在哈军工学习期间，为了掌握更多国外相关前沿知识，他孜孜不倦地翻阅了美、英、苏三国 20 世纪 30 年代以来有关力学和仪器方面的期刊……在接到冲击波机测仪器研制任务后，林俊德决定带领项目组先从浩瀚的资料海洋中找到可供研发仪器参考的内容。

那时候，核试验基地研究所刚成立不久，物质条件十分艰苦。全所人员暂借总参谋部测绘学院的一栋小楼，每间房平均住十多个人，床是上下铺。没有办公室，大家工作和睡觉都挤在同一个地方。实验室、图书馆、资料室，统统没有。

研究所里没有相关资料，林俊德就和项目组同事一起到中国科学院图书馆展开地毯式搜索：从 19 世纪 40 年代开始算起，只要图书、刊物目录中有和冲击波机测仪器研制相关的内容，就借出来，逐字逐句地翻阅查找。

许多刊物是外文，他们还需要花费大量时间翻译。即使如此，也没有一个人叫苦叫累。他们每天吃过早饭就匆匆忙忙乘上公共汽车往图书馆里跑，在装满书籍目录卡片的橱柜前一站就是半天，仔细寻找有用的资料。

一个月过去了，依旧没有任何进展。

就在大家毫无头绪时，一位科研人员告诉他们，苏联专家曾经提到有一种自动记录仪器，能够用来测量核爆炸冲击波。这种自动记录仪器，类似于气象部门用来自动记录气压、气温的机械式仪器，属于压力自记仪一类。

这一消息让林俊德和同事们重新看到了希望。

林俊德立刻调整思路，决定把压力自记仪作为切入点，重新排查相关资料。他和同事们从头开始，在图书馆的一排排卡片柜前，废寝忘食地查阅相关资料，再一次开展地毯式搜索。

眼看时间一天天过去，结果却依然一无所获。

就在大家再次陷入迷茫时，终于有人在一本美国特刊资料中发现了一篇报道，其中提到美国在核试验中采用过机械式压力自记仪测量冲击波。报道还附有一张仪器照片、一段文字说明和部分测量结果。

消息传来，项目组所在的小屋沸腾了，大家忍不住欢呼起来。

虽然报道信息有限，但至少说明了压力自记仪可以用来测量冲击波。对于林俊德和项目组同事而言，这也就意味着，他们的工作目标、研究内容、研究方向已经基本明确——研制一台压力自记仪。

二、刻苦攻关得硕果

根据原子弹总体试验计划，1963 年底，先要在北京官厅水库进行一次大型的化爆试验，以检验、考核各种测量仪器的工作效能和质量。只有通过化爆试验筛选的测量仪器，才有机会进入核试验场。

为了争取这张宝贵的"通行证"，林俊德和项目组成员全力以赴，争分夺秒。

然而，仅凭一段豆腐块大的文章和一张照片，就要造出压力自记仪，谈何容易。林俊德只能拿出比大学期间研制液压马达还要足的干劲，在查阅大量资料的基础上，边琢磨边设计，带领项目组不断进行攻关实验。

为了尽可能弄清楚原理，他继续出入图书馆查找资料。中午，图书馆要闭馆，为了节省时间，林俊德就把资料借出来，随便找个小饭馆，买点简便的饭食，边吃边看。

一次，他买了碗面条，刚吃两口，突然想起了什么，便放下筷子，掏出笔记本计算起来。服务员过来问："同志，吃好了？"他头也没有抬地"嗯"了一声，服务员就把碗收走了。

等他抬起头，才发现桌上已空空如也，只好又买了一份。

林俊德也对项目组进行了分工：他负责压力自记仪的总体设计，其他成员彭常贤、梁立银、孙有祥等负责协助设计部分零部件。

一间不足 20 平方米的小屋成了攻坚的战场，大家把铺盖一卷就伏在床板上描图、搞计算。正逢盛夏，狭小的屋子像个蒸笼，咸涩的汗水从全身的毛孔里争着往外钻，一滴一滴地落在图纸上。

就这样，林俊德和项目组同事用尽一切可以利用的时间，设计制造出了供化爆试验用的压力自记仪样机。

事实证明，他们的努力没有白费。

虽然他们研制出来的样机外表简陋，和另外几个项目组研制的仪器放在一起时甚至显得有些"土"，但是功能方面毫不逊色，在化爆试验中清晰记录了化爆冲击波的压力波形，得到了专家组的充分肯定，被正式列入第一颗原子弹爆炸试验的重点测量项目。林俊德也因此荣获个人三等奖。

不过，短暂的喜悦过后，新的问题接踵而至。

在原子弹试验中，压力自记仪的技术要求、技术标准要远远高于化爆试验，比如原子弹爆炸时会产生强烈的核辐射、光辐射、电磁脉冲干扰和地震冲击，会对压力自记仪产生许多意想不到的负面影响。

此外，在核爆炸中，压力自记仪一般布放在几千米范围外的测点上，必须经受戈壁大漠风沙暴晒等恶劣环境的考验，又不能使用电缆传送启动指令，必须由核爆闪光或冲击波携带的能量来自动启动。

这意味着，要想在核试验场上经受住真正的考验，林俊德项目组必须攻克仪器"动力"这道难关。

因为担心时间上来不及，当时另外几个项目组都选择了较为稳妥的方案，或者根据有关资料尽可能地模仿国外同类仪器，或者使用我国现有的比较接近的仪器进行改造。虽然都是利用电机作为动力，但由于技术限制，电机都比较笨重，造价也比较高。

与此同时，林俊德从已有的资料上了解到，美国和苏联的机测仪器均是用小型稳速电机作为动力。

"我想，科学就是使人用最简单的办法达到理想目的，在满足功能指标条件下，任何仪器都不是越复杂越好，而是越简单越好。我国经济困难、工业落后，为什么不能根据实际情况另闯一条路子呢？"林俊德说。

一天，他去外面办事，乘坐公交车路过长安街时，突然听到响亮的整点报时的钟声。顺着声音传来的方向从车窗望过去，他看到了高耸在电报大楼上的钟表。

满脑子都是如何解决动力问题的他，立刻从钟表联想到坐钟、挂钟、闹钟……又联想到航空仪、气象仪、地震仪……这些仪表不都是以钟表式发条作为动力吗？一个大胆的设想在他心中萌发：为何不用钟表式发条作动力，搞中国式的压力自记仪？自己在浙江大学读书期间读的就是机械类专业，正好是优势所在呀……林俊德越想越兴奋，干脆也不办事了，赶紧回到研究所向程开甲报告，接着又和项目组的同事们详细说了自己想法。

他的想法得到了领导和同志们的赞同与支持，大家听了以后，纷纷为他鼓掌，认为可行。

林俊德买来了一堆闹钟、秒表和发条，办公桌上摆满了螺丝刀、锉刀等各种工具，不足 20 平方米的办公室变成了"钟表修理铺"。同事们都戏称他的办公室为"林家铺子"，叫他"林老板"。在一次又一次的实验和调试中，林俊德从闹钟的闹铃结构和高射炮弹定时引信中找到了设计灵感。与此同时，其他难题也被林俊德和项目组同事采用"土办法"——破解。

经过一系列刻苦攻关，在第一颗原子弹爆炸之前，一台中国人自主研制的压力自记仪诞生了。

三、以苦为乐创大业

1964 年 6 月，研究所参试人员陆续分批前往新疆罗布泊核试验场。7 月，林俊德和项目组同事奉命进入戈壁滩试验场区。

当时部队出发的时间、地点和目的地全部保密，所有人必须停止和外界的一切联系。只要命令一下，就得跟着部队出发。

接到出发的命令后，林俊德和项目组同事们二话没说，带着刚刚研制成功的 30 套压力自记仪，奔赴新疆罗布泊。

张蕴钰是共和国第一任"核司令"，领导了中国核试验基地的建设。1958 年，张蕴钰担负起为我国核试验基地和第一颗原子弹爆心选址的重任。

我国原子弹试验场的初期选址工作，最早是在苏联专家的指导下进行的。经过对多个地区的勘察，苏联专家最后选定了敦煌。

敦煌位于河西走廊的最西端，地处甘肃、青海、新疆的交会处。它的东面、南面都是高山，西面是沙漠，北面则是戈壁。

乍一看，此地是最合适的原子弹试爆地点。

1958 年，张蕴钰乘坐火车前往敦煌考察，发现此地均为大孔土，无法搞工程建设。此外，原子靶场距离敦煌中心城区仅 120 公里，还是太近，容易造成核沾染区，而且对于莫高窟等珍贵文化遗产保护也有影响。

在详细察看了苏联顾问对核试验场的设计之后，张蕴钰还发现了一个细节：美国于 1954 年 3 月在比基尼岛试验引爆了一颗爆炸当量为 1500 万吨的氢弹，可苏联专家为敦煌原子靶场设计的是 2 万吨级的原子弹，也就是说，在敦煌根本不能研制大型核武器。

张蕴钰立即联合陈士榘、张志善向上级建议另选新址，获陈赓批准。

1958 年 12 月下旬，张蕴钰和一支小分队乘坐 4 辆吉普车、4 辆生活车，带着 10 天的饮水和油料、帐篷、粮、菜、罐头、柴火和一部电台，从玉门关一路往西，为核试验寻找更加合适的地址。

在一个夕阳西下的黄昏，张蕴钰一行抵达罗布泊。罗布泊由于形状宛如人耳，被誉为"地球之耳"，又被称作"死亡之海"，曾是中国第二大内陆湖。后来气候变化导致上游来水减少，直至干涸，仅存留大片盐壳。

经过考察，张蕴钰最终在罗布泊地区选取了一块地貌、水源和土质都符合试验条件的场所。这个地方，没有具备开采价值的矿藏，基本没有居民，符合核试验要求。

1959年2月，张蕴钰向国防部打了转场报告，建议将核武器试验场定点在新疆罗布泊西北地区。1959年3月13日，国防部正式批准罗布泊为核试验基地。

1959年4月下旬，张蕴钰率领刚刚组建的建设大军，浩浩荡荡地开进了罗布泊。这是继王震部队之后，新中国历史上解放军又一次大规模开赴西北边陲。部队在一处有河流的地方安营扎寨，四周是一望无际的戈壁，只有河边一种名为马兰花的植物顽强地盛开着。

张蕴钰说："你们看，马兰花在这么恶劣的条件下还长得这么好，我看此地就叫马兰吧。我们要在这里画一幅大画，写一首大诗，放一个大炮仗！"从此，这片荒无人烟的地方，成了新中国核试验基地的驻所，并拥有了一个美丽的名字——马兰。

1964年，经过极为保密的运输路线，林俊德和同事们抵达了罗布泊。在这里，林俊德第一次体会到了什么是环境恶劣。

核试验场区初建时，甚至没有房子，试验人员全住帐篷或地窝子，10至12人一顶，约10平方米，上下床，冬冷夏热。吃的东西都是从几百公里外拉来的，一车菜从菜地拉到场区少则2至3天，多则一个星期，夏天时大部分都腐烂了，冬天时大部分都冻坏了。

这些还不是最困难的，对于那时候生活在场区的大多数人而言，最难解决的问题是缺水。大家喝的水都来自距离场区 20 公里左右的孔雀河，河流名字很美，但水质极差，含碱和硝，很多人喝完以后会拉肚子。

尽管如此，在当时的场区，依然滴水胜滴油。大家往往是一盆水洗完脸后留着下班后洗手，晚上再用来洗脚，澄清后再洗衣服。几天不洗脸、不洗脚是常事。军营中有流行语："一、三、五洗脸，二、四、六刷牙，星期天干擦。"

核试验技术工作十分严格，容不得丝毫闪失。经过长途运输的震动、颠簸，再加上试验区高温、风沙等影响因素，林俊德和同事们携带的压力自记仪出现了一些新问题，需要在安装调试中加以解决。

他们没有过多在意眼前艰苦的生活条件，而是把全部精力投入到爆炸第一颗原子弹的准备工作中。

夏天的罗布泊异常酷热，地表温度高达六七十摄氏度，强烈的紫外线甚至能把人的皮肤灼伤。外出作业，时常会遇到狂风和漫天沙尘。林俊德认为，这些极端天气正是考验和测试压力自记仪的最好机会。他带着项目组人员，一次次冲到烈日下、狂风中，测试压力自记仪的可靠性，确保它在原子弹爆炸过程中始终处于稳定状态。

皇天不负苦心人，在他和项目组的精心调试下，压力自记仪逐渐达到最佳技术状态，只待一声令下。

林俊德（左一）工作时的照片

四、"零时"起爆为突围

1962年10月30日，时任国务院国防工业办公室主任的罗瑞卿向中央呈送《关于加强原子能工业领导问题的报告》，明确提出力争在1964年爆炸第一颗原子弹的目标。毛主席在报告上批示："很好，照办。要大力协同做好这件工作。"

同年11月17日，中共中央决定组成以周恩来总理为主任的15人专门委员会（简称中央专委），成员包括7名副总理、7名国务院和中央军委有关部门负责人。从中央专委成立到我国第一颗原子弹装置爆炸成功之前的这段时间内，中央专委共召开了9次会议，讨论解决了100多个重大问题。

在党中央的关心下，我国的核研制工作进展顺利。1963年3月，由邓稼先、周光召等负责的原子弹理论设计宣告完成；1964年1月14日，兰州铀浓缩厂产出了武器级高浓缩铀；6月6日，西北核武器研制基地1：1模型全球聚合爆轰试验达到预期目的；8月19日，3个核试验装置在西北核武器研制基地装配完毕，随后用专列陆续运到试验现场；8月23日至9月1日，试验现场成功地进行了单元演习和综合演习。就在我国第一颗原子弹即将问世之时，帝国主义国家有人鼓吹要摧毁中国的核设施。

1960年底，美国中央情报局号称确认中国核计划存在。自此，在20世纪60年代的绝大部分时间里，肯尼迪和约翰逊两届政府的最高决策班子都企图通过军事或外交手段来遏制中国的核计划，甚至有了使用武力打击中国核计划的方案雏形。

1964年9月9日，张爱萍、刘西尧向中央专委呈报了《首次核试验的准备情况和正式试验工作安排汇报提纲》，指出试验已经准备就绪。

此时，美国中央情报局经过分析，向白宫报告：根据新拍摄的太空照片，有充分理由认为，中国西部有一个可疑的设施，是一个能在两个月内投入使用的核试验基地。他们认为：动用"外科手术"来摧毁中国的核工厂，并且使人看来像是发生了一次原子事故，在技术上是可能的。

9月15日，美国国务卿腊斯克、国防部长麦克纳马拉等人在午餐会上研究了联合苏联阻止或打击中国核计划的可能性问题。会后，经总统约翰逊批准，腊斯克会见了苏联驻美大使多勃雷宁，就联合行动一事进行了秘密会谈。当时，罗布泊上空密布着紧张的空气，敌对势力对核试验基地的破坏随时可能进行。

针对这一尖锐复杂的国际形势，9月16日至17日，周恩来主持召开中央专委第九次会议，提出早试和晚试两个方案。会后，报请毛泽东批准。毛泽东说："原子弹是吓人的，不一定用，既然是吓人的，就早响。"

9月下旬，中央专委根据毛泽东主席的指示，确定要在国庆后炸响原子弹。但具体在哪一天，仍然没有定论。

与此同时，在这个9月，一列安保级别空前的专列，从位于青海金银滩的原子弹生产基地221厂驶出。

列车白天停在车站，机车入库检修，到了夜晚再牵引运行。据一位司机回忆，当列车停在车站时，清一色的闷罐车旁，站满了解放军战士和便衣保卫人员；列车运行时，铁路桥梁、隧道旁时常会看见有解放军或民兵在巡逻。

列车先从金银滩驶向西宁，然后转上兰青铁路过黄河到兰州，再折身驶上兰新铁路进入河西走廊，一路向西奔驰。列车抵达乌鲁木齐后，车上运载的货物再由汽车连夜转运到试验场。

那位司机也是在全部任务结束以后，才知道车上装载的竟然是原子弹试验所用的核弹部件。

此外，原子弹最关键的两个部件——铀球和点火中子源，由另一辆专列运输至西宁，再由改装的伊尔14运输机运往核试验基地。

10月初，在距离铁塔约150米的地下室里，专家们完成了原子弹的装配，试验进入最后的待命阶段。

一切准备就绪。

林俊德（右二）参加会议

"零时"是原子弹起爆时间的代号，"零时"的确定，主要依据基地测定的天气情况。大气层试验对空气有污染，一般情况下，要确定当天天气晴朗，且核试验烟云经过的地区未来三天无降水。

10月9日，试验场党组织召开全体会议，决定把第一颗原子弹正式爆炸试验的时间放在10月15日至20日之间。上报中央后，很快获得了批准，并指示由试验场党组织根据现场气象情况决定起爆日期和具体时间。

根据现场指挥部的命令，林俊德带领项目组人员将30套压力自记仪，按照预定方案提前分散埋设在了核试验场。在等待"零时"的最后几天里，林俊德每天都要去检查几遍，确保不出现意外情况。

10月14日，综合有关各方做出的气象预报，核试验现场总指挥张爱萍、副总指挥刘西尧决定将10月16日15时确定为核爆"零时"。可就在当天晚上，核试验场刮起了大风，经测量，风速达每秒16米。

大风刮了一夜。这一夜，许多人都没睡安稳。

15日上午，张爱萍再次召开气象会商会议，各方的气象预报一致，认为当日（10月15日）14时以后，风速将减小到每秒6米以下，符合核爆条件。

15日12时30分，周恩来批示：同意基地建议，"零时"

定在 16 日 15 时。

这一天，林俊德和同事乘坐一辆卡车，仔细检查了埋设压力自记仪的每一个点位，以确保万无一失。工作全部完成后，在返回营地的途中，卡车竟然不小心陷入了一个沙坑，无论司机如何加大油门猛冲，都没有用。

这时，太阳渐渐西沉，夜色悄然降临。大家不由得都紧张起来。要知道晚上的戈壁滩，没有人烟，没有灯光，一片漆黑。当时也没有任何通信工具，很容易迷失方向。

就在大家焦急万分之时，沉着冷静的林俊德突然向远方跑去，不一会儿他抱来了一大捆麻黄草，放在车轮下。果然，司机一脚油门，卡车一下子从坑里冲了出来。满头大汗的几个人，终于松了一口气。

夜幕中的罗布泊格外寂静，静得仿佛能听见时钟正在滴答滴答地行走——那是我国首次核试验倒计时的声音。

五、东方巨响惊世界

为了确保核试验场与北京之间的联络保密，在周总理的直接要求下，我国第一颗原子弹制定了一些暗语和密码。

首次核试验的原子弹是球形，原了弹代号为"邱小姐"；装原子弹的平台叫"梳妆台"；连接火工品的电缆像头发一样长，叫"梳辫子";原子弹装配为"穿衣";原子弹装配车间为"住下房";吊到塔架上的工作平台为"住上房";气象密码则为"血压"……

"邱小姐在梳妆台,八点钟梳辫子。""邱小姐住上房。"……1964 年 10 月 16 日,北京不断收到来自罗布泊的密电。

周恩来总理全天守候在电话旁,到 12 点,他向张爱萍、刘西尧传达意见,如无特殊变化,可以不要再来往请示了。"零时"后,不论情况如何,立即同他直通一次电话。与此同时,在千里以外的罗布泊,张震寰、程开甲等参试人员正准备进入主控站,组织指挥原子弹点火。

林俊德等少数担负测试任务的参试人员,此时撤到了主控站。在 720 工号上面,埋设了两套压力自记仪。林俊德和同事们的任务,就是在原子弹爆炸之后迅速地将这两台仪器收回,送到指挥部,用它检测到的数据来证明核爆炸是否成功。

14 时 30 分,总指挥张爱萍走进了白云岗观察所向周恩来电话报告:各项准备工作就绪,一切正常。

周恩来批准按时起爆。

接近 15 时,王淦昌、彭桓武、郭永怀等科学家,背对核爆心,戴上护目镜低头坐着。

极度紧张揪心、万分激动人心的核爆"零时",终于一分一秒地接近了。

14时59分40秒，主操作员韩云梯按下了牵动人心的按钮。10秒钟后，整个系统进入自控状态，计数器开始倒计时。

"10，9，……，3，2，1，起爆！"

随着一声惊天动地的巨响，顷刻之间，一道耀眼的光芒闪现在罗布泊上空，一个太阳般的火球腾空而起，与地面冲起的尘柱连成一体，形成了极为壮观的蘑菇云。

现场沸腾了！

人们激动地摘掉帽子，抛向空中，发出阵阵欢呼声。大家欢呼时，林俊德和同事们来不及参与，而是立即打开防护门，跃出地面，抱起仪器，跳上汽车，飞快地向距爆心60多公里的指挥部驶去。

一座绿军帐内，试验总指挥张爱萍抓起电话激动地向周恩来汇报："总理，首次核爆炸成功！"

周恩来接到报告试验成功的喜讯，异常冷静地进一步核准："是不是真的核爆炸？"张爱萍一愣，扭头问身边的王淦昌："总理问是不是真的核爆炸？"王淦昌一边计算着蘑菇云的高度，一边肯定地说："是核爆炸！"

"我们看到了蘑菇云，这是非核爆炸不可能出现的。取样飞机已进入烟云上空，各种测量仪器即将取得结果，我会随时向您报告。"张爱萍将军挂断电话，立即走进了指挥部边上的速报工作帐篷，他急切地期待着从这里得到答案。

这时，程开甲带着由林俊德研制的压力自记仪测得的数据匆匆赶到，向张爱萍报告说："冲击波的数据已拿到，马上就能验证结果。"

此时的速报工作帐篷里，技术人员正兴奋地议论着试验测试结果。压力自记仪项目组的同志正小心翼翼地打开他们刚从"720"速报测点取回的"罐头盒"，把记录着核爆炸冲击波波形的玻璃片放在测量显微镜下细心判读数据：距爆心××公里处，每平方厘米压力××公斤，冲击波超压峰值达到××千帕，冲击波作用时间超过××秒；计算结果：核爆炸当量为××万吨！

对7种冲击波测量仪器测得的数据进行比对后证明，林俊德项目组研制的钟表式压力自记仪取得的数据最完整、质量最好。

程开甲来到张爱萍面前，递上计算结果后说："冲击波测量数据表明，这是一次核爆炸！"

这时，防化兵组成的侦察分队进入沾染区进行辐射侦察作业；防护回收取样队在规定时间内取回了全部测量仪器。各项测量数据陆续汇集到指挥部，进一步证实了我国第一颗原子弹爆炸是真正的核爆。

张爱萍将军接过计算结果迅速看了一眼，激动地说："你们立了大功，压力自记仪立了大功。好！我立即向总理报告。"

张爱萍再次向周总理报告："根据多方面证实，确实是原子

林俊德（左一）完成取样任务后合影留念

弹爆炸，很理想，很成功！"

鉴于钟表式压力自记仪在首次核试验中的优异成绩，核试验场党委会给林俊德项目组记二等功，同时给林俊德个人也记了二等功。

六、乘胜追击向空爆

中央人民广播电台于当夜 23 时广播了新华社编发的关于中

国第一颗原子弹爆炸成功的《新闻公报》，同时《人民日报》刊发了红字《号外》。

消息传到全国各地和海外，万众欢腾，许多人自发聚集到广场、街头，欢呼原子弹成功的伟大胜利。

中国第一颗原子弹爆炸的消息震惊了世界。

时任美国总统约翰逊在收到消息后，取消了周末度假计划。

在我国宣告核试验成功之后不到三小时，他就在全国电视广播中发表声明，强调我国爆炸的是一个粗劣的核装置，不要过高估计其军事意义。

然而，在爆炸过后的第三天，美国的原子能协会便分析出我国爆炸的是高浓度的铀235核装置，采用的是向心内爆法，技术水平远超他们的预估，技术水平和发展速度甚至超过了法国。

得知消息的约翰逊再次中断了在俄亥俄州的竞选活动，回到华盛顿，召开了国家安全委员会会议，同国务卿腊斯克和国防部长麦克纳马拉进行了长时间的交谈。

在18日晚的电视演说上，约翰逊一改前日的口气，强调了中国的核爆炸是一个严重的事实，美国"不应该等闲视之"，"不能够忽视中国事实"。

在西方世界震惊于中国原子弹首次核试验技术时，中国的科学家们并没有沉浸在成功的喜悦中太久，而是乘胜追击，向空爆试验发起了冲击。

原来，中国第一颗原子弹采取的是塔爆方式，还不具备真正意义上的核威慑、核反击能力。因此，使用飞机投掷原子弹，实现"空爆"，被提上我国核试验的议事日程。

1964年10月23日，第一颗原子弹成功爆炸后的第7天，张爱萍在核试验基地召开了一次小型专题会议，研究布置原子弹空爆试验。11月12日，张爱萍、刘西尧向周恩来总理汇报原子弹空爆试验计划，空爆试验定在1965年5月14日进行。

林俊德项目组再次奉命出征罗布泊。

空爆试验，就是用飞机投掷核航弹，在空中实现核爆炸。这不仅意味着，林俊德的压力自记仪要经受更加严格的考验，同时也说明他们在回收压力自记仪时会面临更大的危险。

与林俊德同在工号地下室的项目组成员孙本基，至今还记得试验时发生的惊险一幕。

1965年5月14日，空爆试验当天，孙本基与另外两位同事对光测仪器的布点埋设情况做最后检查。第二次清场撤离命令下达时，他们正在检查最后一个布点。这时，戈壁滩上刮起了大风。唯一的避风处，就是边上一辆解放牌汽车的驾驶室。他们几个人就挤在驾驶室里，继续调试仪器。

这种仪器的灵敏度极高，稍有干扰便会失灵。不知什么原因，仪器显示总有误差，他们既紧张又着急，豆大的汗珠顺着额头不住地往下淌。

这时，第三次清场撤离命令下达了，怎么办？

孙本基说："当时大家有一个共同信念，就是决不能让仪器出误差，一定要调试好后再埋设在布点上。大家研究后决定先排除机械误差——我们把整个仪器用塑料布全包起来，跑到离汽车20多米远的地方再次测试，功能正常，说明仪器完好。原来是汽车的剩磁现象在捣乱。

把这个仪器布设好后，我们赶紧撤离，这时已经听到投掷原子弹飞机的轰鸣声了。我们快步跑进工号，刚关上工号大门，就听到远处'轰'的一声巨响，原子弹爆炸了，坚固的混凝土工号都在摇晃。

我们惊出了一身冷汗，再晚几分钟，我们就'光荣'了。"

在核试验场，所有参试人员都自觉地把确保核试验成功放在第一位，置个人危险于不顾。林俊德说："做这一切，我认为都是值得的。先辈们为我们这一代的幸福付出了血的代价，我们还只是受点苦、流点汗、冒点险。一个民族的兴起，需要靠一代又一代人的艰苦奋斗甚至牺牲来换取，我为能成为这一代又一代人其中的一员而深感荣幸！"

最终，1965年5月14日9时59分10秒，我国成功进行了一次原子弹空爆试验。原子弹脱离飞机，向靶标坠去。50秒后，一声巨响，出现蓝色强光后，戈壁滩上空出现了一个巨大的火球，排山倒海的蘑菇云裹着巨大的冲击波汹涌腾空。

林俊德和项目组成员身穿防护服，冒着危险，冲进核试验场，将压力自记仪回收后送到了速报室，圆满完成了冲击波测量任务。

空爆试验的成功，让新中国成为继美国、苏联、英国、法国之后，世界上第五个拥有核武器并能进行空投的国家。从此，中国彻底打破了西方大国的核垄断，真正拥有了可供实战使用的核武器，具备了真正意义上的核威慑。

七、安家大漠甘寂寞

第一颗原子弹爆炸前一年，南京大学的毕业生黄建琴参军到了马兰，她是参加首次核试验的女大学生，也是后来被称为"核大姐"的一员。

1964 年，黄建琴去马兰执行第一次任务后，在指导员的介绍下知道了林俊德。"当时他的科研工作地点在北京通县，我的科研工作地点在北京海淀区中国科学院声学所，由于各自紧接着要准备执行任务，直至 1965 年初，我们完成任务后回到北京通县，才在研究所的办公地点初次见面。"黄建琴回忆说。

见面后，林俊德就一股脑儿地把家里的情况全部说了出来，黄建琴也介绍了家里的情况。她说家里过去是做小生意的，成分不太好，希望林俊德多斟酌。没想到林俊德丝毫不介意，他告诉黄建琴，自己看重的是她这个人，而不是她的家庭出身。

就这样，两人互相了解后，便算是确定了关系。

那个年代，男女之间交往都很简单，没有你来我往的约会，也没有你跑我追的形式，黄建琴和林俊德虽然都在北京，同属一个研究室，但不在同一个科研组，工作的地方分别位于北京城的一东一西，两人恋爱两年，只见过两次面，加起来还不到一天。

我国第一颗原子弹试爆成功后，中央军委总参谋部、国防科委和核试验基地经过研究，决定把研究所从北京迁移到核试验基地。出于对研究人员安全和工作生活便利的考虑，经反复勘查，最终选址在一个叫红山的地方，并动工修建新的基础配套设施，包括机关楼、办公楼、科研楼、防化实验楼、家属宿舍楼等，1966 年秋基本建成。

红山之所以叫红山，是由于当地的山呈褐红色。10 月初，林俊德随研究所大批人员搬迁到红山。

不久，林俊德就找到黄建琴商量结婚事宜，这是他们第三次见面。"当时大多数婚姻都是相互介绍认识，再问一下双方父母的意见就成了，非常简单干脆。"黄建琴说道。

1967 年 2 月 17 日，林俊德和黄建琴领了结婚证。第二天，他们在研究所的会议室里，举办了一场异常简单的婚礼。

"那时候在工作单位结婚，大家都一样，以朴素简单为尚。一般就在会议室放一张双抽屉的办公桌，桌上放些水果糖和瓜子，由一个年长的同事简单证婚，就算正式结婚了。"黄建琴回忆。

属于他们的小家是一间大约 12 平方米的宿舍，不到 4 平方米的厨房是和邻居共用的。

"虽然红山低气温时间长，但也能种一些农作物。开始是各室集体种植土豆、萝卜等蔬菜，后来则是我们每家都有了一小块菜地，种了更多品种的蔬菜，有黄瓜、豆角、茄子、小油菜、西红柿等。每到周末，我们就会泡在菜地里。老林从小就会种地，种地的问题上我经常请教他，有的时候白天上班，晚上还要去菜地里浇水，我们总开玩笑说，'种地比上班还要累'。"

林俊德与夫人黄建琴在一起

在黄建琴的记忆中，在红山的日子，大家每天的工作都是两点一线，除了办公室就是宿舍，生活很简单。"我们每天工作 8 小时，上午和下午还有各 15 分钟的工间操，让大家活动一下身体，一周工作 6 天，中午并不规定午休，因为有些科研工作是有连贯性的，甚至晚上也会到办公室，不会因为吃饭而暂停。"

就是在这种简单重复的日子中，他们一心一意地搞着核试验技术研究。

八、背着仪器上天山

原子弹空爆试验圆满成功后，国家加快了研制核武器的步伐。

1952 年美国引爆了世界上第一颗氢弹，苏联、英国先后于 1953 年和 1955 年成功试爆氢弹。借助氢弹的巨大威力，西方大国对我国的核讹诈不断变本加厉。在 1958 年 6 月的一次会议上，毛泽东提出："原子弹要有，氢弹也要快。"[①]

氢弹是真正的热核武器。不同于原子弹依靠核裂变产生能量造成杀伤，氢弹凭借核聚变反应，能够产生数十倍乃至百倍于原子弹的威力。在中国第一颗原子弹成功爆炸后不久，氢弹的研究被提升到首要位置。

---

① 熊杏林. 程开甲的故事 [M]. 北京：人民出版社，2018：127.

中央决定，在进行第一颗氢弹空爆试验之前，先进行一次塔爆试验。

林俊德刚跟随大部队迁到红山没多久，就接到了一个新任务：用压力自记仪测量高空冲击波。

这次的试验与过去的试验相比，威力大、爆炸点低、地面放射性沾染比较严重。林俊德接到任务时，距离试验"零时"只有一个多月，这几乎是一项不可能完成的任务。

林俊德没有退缩。

他和项目组同事冷静分析，要想实现高空冲击波测量，需要把压力自记仪送上高空，并要在氢弹爆炸时处在预先要求的高空位置，爆后还要落到预定地区，并在搜寻回来后能够进行正常的数据分析。

这就要求压力自记仪在上升和下落中必须经受急剧的环境气压变化，在高空能耐得住零下 60 摄氏度的低温，落地时还要承受剧烈冲击。同时也意味着，林俊德和他的项目组必须尽快解决压力自记仪高空防冻、高空定点、落地防震等一系列难题。

研究所刚迁到红山，不具备试验条件。为了创造试验需要的低温环境，林俊德和他的同事们尝试了各种办法，但都没有成功。最终，他们选择背着仪器，爬上天山。

数九寒天，寒风凛冽，夜晚来临时，气温骤然下降，刺骨的寒意像针一样往身体里钻，冻得人眉毛胡子都结了霜。为了等待最低温，林俊德和项目组在白雪皑皑的天山上待了整整一夜。可尽管如此，温度表显示，天山山顶的最低气温为零下20多摄氏度，还是不符合试验所需的低温。

尽管这次低温试验没有成功，却丝毫没有影响到林俊德继续探索的脚步。

找不到合适的试验模拟环境，那就加快制造样机的进度，直接使用样机进行高空放飞试验来检查仪器在高空低温中可能会出现的问题，再针对性地做改进性设计。

于是，在时间紧、任务重、条件差的情况下，林俊德和小组成员边试验、边改进，样机一制造出来，立刻进行高空放飞试验，发现问题立刻调整。如此经过多个日日夜夜，终于赶在这次试验前，制出了功能完备的高空压力自记仪。

1966年12月28日，罗布泊。

在无数双期待的眼睛的注视下，试验准备开始了。在林俊德的指挥下，6个携带着压力自记仪的红色气球，慢慢升上了预定区域的高空。

中午12时，试验装置准时起爆，在一声雷鸣般的轰鸣中，荒凉空寂的戈壁滩上，翻腾起巨大的蘑菇云。

在试验结束后，林俊德同样来不及兴奋，而是冒着危险乘坐直升机进入核爆沾染区上空，先行寻找和确定压力自记仪大致的落点位置。

第二天，林俊德又带着项目组全体成员，身穿防护服，进入核沾染区回收压力自记仪。可寻找了许久，也没有发现仪器的踪影。林俊德明白，如果找不到仪器，没有数据，一切都将化为泡影。

在他的建议下，指挥部派出了一支30多人的搜索队，与林俊德项目组一起再次进入核沾染区。他们在30多公里的范围内仔细地步行搜索，七八个小时过去了，终于找到了试爆前布设的所有压力自记仪，获取了十分宝贵的测量到的氢弹高空冲击波的数据。

这一年，林俊德项目组也因此再获二等功。

九、自力更生造氢弹

1966年12月30日、31日，在这次试验圆满成功后，聂荣臻元帅连续两天在马兰主持座谈会，讨论第二年氢弹试验问题。

会议决定在1967年10月1日前，即在9月搞个氢弹试验，各方面的准备工作均按此进行安排。

聂荣臻于1月3日回到北京后，向中央专委报告了氢弹试验的设想。

中央专委批准了这个建议。随后他再次召开专家座谈会，亲自部署了氢弹试验任务，研制工作随即全面展开。

不久，有消息传来，法国可能在 1967 年进行首次氢弹核试验。面对这一情况，中国的科学家们产生了一种为国争光的强烈责任感。1967 年 2 月初，二机部核武器研究所几位科技人员反映，全威力氢弹理论设计方案 2 月即可确定，试验时间应该提前，要"响"在法国前面，建议改在 7 月 1 日前进行第一颗氢弹空投试验。

周恩来总理同意了这一安排。

为了赶在法国之前，试验的各项准备工作都要往前赶。本该撤场休息的各支队伍，又投入到新的战斗中。正处于新婚初期的林俊德，也接到了任务。由于工作需要保密，他只是简单地告诉妻子黄建琴，自己要到哈尔滨出差，随后就收拾行李离开了家。

由于氢弹爆炸威力大，对各项设备的要求更高，为了在试验中拿到准确、可靠的测量数据，在哈尔滨厂家的加工间里，林俊德带领小组人员顽强攻关，没日没夜地工作着。

谁也没有想到，这一出差就是近半年。

好在林俊德最终圆满完成了压力自记仪的小型化定型设计，将原来的用氢气球吊挂压力自记仪升空改进为由同一架投弹飞机下投带降落伞的仪器弹进行测量。

1967 年 6 月 17 日早上 7 时，装载氢弹的战机准时从马兰机场起飞，并在一个小时以后，成功抵达空投区域。按照计划，飞机需要先围绕靶区飞行一圈然后再投弹，整个过程大约需要 20

林俊德在调试设备

分钟。

　　等待的每一秒都十分漫长。8时20分，天空出现一道白光，大漠上仿佛出现了两个太阳，蘑菇云随之升腾而起。

　　一时间，举国沸腾。

　　当烟云散去，林俊德一行三人，穿上防护衣，戴上防护面罩，登上卡车，全副"武装"向沾染区发起冲锋。每到一个布点，林俊德都抢先下车查看现场，回收仪器。

　　穿着防护衣上下卡车很费劲，完成任务后，林俊德一行三人回到冲洗地，脱下防护衣，倒出的汗水足有半斤重，防护面罩压得他面部、额头疼痛难忍，乐观的林俊德却风趣地说："我们洗了一次免费桑拿，当了一次孙悟空，戴了一次紧箍咒。"

林俊德和他的压力自记仪，再一次准确地提供了核爆当量的计算数据。

中国第一颗氢弹爆炸成功！

当晚，北京广播电台对外公布了这条消息，第二天一早，大批国人走上街头，敲锣打鼓庆祝喜讯，整个北京城都沉浸在一片欢呼声中。

林俊德工作时的照片

林俊德研发的压力自记仪

7月7日，毛泽东在北京接见全军军训会议代表时高兴地说：
"两年零八个月搞出了氢弹，我们的发展速度超过了美国、苏联、
英国，现在世界是第四位。我们搞原子弹、导弹有很大成绩。这
是赫鲁晓夫帮忙的结果，撤走专家，逼我们走自己的路，要发给
他一个一吨重的勋章。"①

在氢弹爆炸成功的同时，中国政府重申：研制核武器完全是
为了防御，任何情况下，中国都不会首先使用核武器。邓小平同
志多年以后说："如果60年代以来中国没有原子弹、氢弹，没

① 毛泽东对中国发展战略核武器的历史贡献 (3) [EB/OL].（2023–11–13）
[2025–07–08].https://www.chinanews.com.cn/cul/2013/11–13/5497316_3.shtml

有发射卫星，中国就不能叫有重要影响的大国，就没有现在这样的国际地位。这些东西反映一个民族的能力，也是一个民族、一个国家兴旺发达的标志。"①

在我国成功爆炸第一颗氢弹一年后，1968 年 8 月，起步比我国更早的法国才成功爆炸第一颗氢弹。

十、初为人父愧疚多

第一颗氢弹爆炸成功后，林俊德回到了马兰，不过他依然每天在试验场上忙碌着。而此时的黄建琴，已经身怀六甲，眼看就要生了。

可是，林俊德又接到了新的任务，根本没有时间照顾怀孕的妻子。再三考虑后，黄建琴决定回家乡待产。"老林这人，为了核试验什么都不顾。我们女儿快出生时，他还在外出差，我只好与老乡一路回江苏老家待产。"

多年以后，回忆起此事，黄建琴依然记忆犹新。"先是坐汽车，10 多个小时才到吐鲁番，卧铺票买不上，坐硬座 4 天 4 夜才熬到南京，然后又坐大半天的长途客车。4000 多公里的路程，一路颠簸下来，到家时脚肿得都沾不了地。"

---

① 刘金田．邓小平的历程 [M].北京：人民出版社，2014：687.

回想起那段历程，黄建琴总是说："回去生孩子，是我这辈子印象最深的事。一路上没有他的陪伴不说，就连生孩子时他也没有回到我的身边。"

产后，黄建琴得了急性乳腺炎，高烧41度，无法照顾孩子。"我父亲身体也不好，母亲一个人忙不过来，里里外外全靠大嫂帮衬照应。休完产假回部队前，考虑到老林和我的工作，实在没时间和精力抚养孩子，我便打算将女儿托给大嫂照看。"

黄建琴硬着头皮向大嫂说出自己的想法时，话还没说完，大嫂的眼泪就下来了。她自己有6个小孩，最小的才4岁，日子过得也不容易，她怕养不了。黄建琴说："孩子养不活我们不怨你，大嫂这才将孩子接到怀里。"

直到女儿长到3岁时，林俊德和黄建琴才把她接到身边。

那时国家还不富裕，部队物资供应也十分匮乏，为了给孩子增加一点营养，黄建琴曾独自下山到几十里外的老乡家收鸡蛋。老乡家户户养狗，她担心被咬，就拿根棍子给自己壮胆。

"说实话，为这事我没少埋怨过老林，可他总是笑着说：我工作忙，你就辛苦点吧。"

因为工作特殊，林俊德和黄建琴没时间抓女儿林春的学习。林春最终没能考上大学。对此，他十分愧疚。

在与女儿的一次聊天中，林俊德曾对女儿说："你是我和你妈妈的第一个孩子，我们没有培养的经验。你是我们的'试验品'，你就多担待点吧。"

林俊德和黄建琴的儿子林海晨与姐姐一样，也是在老家出生，长到3岁后才被父母接到身边。在吸取了女儿没考上大学的教训后，儿子海晨升入小学四年级时，林俊德和黄建琴商量，决定把海晨转到在福州的姑妈那里去上学。上初二时，海晨又转回红山，高一暑假再次被送到在上海的大姨家寄读，高三上半学期期末则被接回西安继续求学。从红山到福州再到红山，又从红山到上海再回西安……从小学到高中毕业，海晨先后转过6所学校。每次转学，因为课程无法衔接，他的成绩一度落到最后，等到适应了

林俊德与家人合影

环境，成绩上升到前几名时，却又要转学了。

好在，海晨最终考上了大学。

后来，林俊德在一次报告会上深情地说道："现在有些人经常提到某种选择值得不值得的问题，我们有时也谈论到马兰人的得与失……有人说我们'对父母的孝尽不到，对妻儿的爱给不够'，还有人说是'献了青春献终身、献了终身献子孙！'……不过我们总算为国家和人民尽了力！牺牲了个人和家庭，但给祖国增添了光彩，增强了实力，我们是实实在在地为中华民族添砖加瓦。我们经常为此而骄傲，时常愿意回顾这段不寻常的历程。"

十一、转战地下再冲锋

对家庭满怀歉疚的林俊德，在核试验战场上，是身先士卒的"急先锋"。黄建琴大着肚子回家乡待产的时候，林俊德正在带领项目组攻克新的难题。

原来，当我国正在进行大气层核试验时，西方国家已经开始了地下核试验。为继续巩固其核大国的垄断地位，阻止其他国家进行核试验、发展核武器。1963 年 8 月 5 日，美、苏、英在莫斯科联合签订了《禁止在大气层、外层空间和水下进行核武器试验条约》。

在此背景之下，我国的核试验也从大气层转入地下。

与大气层核试验相比，地下核试验场地工程量巨大、工程周期长，爆炸效应研究受限制，面临困难较多。

我国第一次地下核试验筹备工作开始于20世纪60年代中期，当时成立了"地下核试验研究小组"，展开对地下核试验场地的选定、实验室模拟、爆炸效应等课题的研究。

在第一次地下核试验准备工作中，林俊德小组需要攻克的难题，就是研制出新的仪器测试地下冲击波。

地下核试验在技术上更复杂，当时，我国核试验才刚刚起步，很多技术问题没解决，在了解到地下核试验与试验场区的地质及

林俊德工作时的照片

地形关系很大后，林俊德带领项目组深入现场，从特定的地质条件着手，研究地下核试验岩体应力波的测量技术和现象规律，以此建立、改进和提升地下冲击波的测量方法和测量技术。

作为技术总负责人之一的程开甲，鉴于地下核试验首次进行缺少经验，对地下核试验的安全提出了三条要求——"不冒顶、不放枪、不泄漏"。为此，程开甲带领理论室专门就相关课题进行理论研究和计算分析，并在此基础上与林俊德负责的力学测试项目组和基地工程处一起进行化爆模拟试验。

1965 年 12 月，经国防科委批准，在地下核试验场进行了一次化爆模拟试验，结果试验时堵塞物全部被高压气体冲出，像放枪一样。时隔不久，又进行了第二次化爆模拟试验，效果仍然不理想。

经过不断的理论研究和试验，大家终于搞清了原因，改进了技术，正式进行首次地下核试验的日子也越来越近了。

据喻名德将军回忆："1969 年 9 月 23 日，是拟定的首次平洞试验'零日'，研究所的测试人员提前几天从南山脚下撤离，在十多公里以外的主控站附近搭帐篷扎营。林俊德帐篷的隔壁，住着的便是程开甲和王淦昌。"

尽管从 1964 年开始，做过一系列化爆模拟试验，进行了大量的理论计算分析，也参阅了国外的一些数据资料，但毕竟是第一次正式进行地下核试验，大家心里都没有底。在爆炸前夕，喻名德亲眼看见、亲身感受到了程开甲和王淦昌的紧张和不安。

1969 年 9 月 23 日零时 15 分，随着一阵来自地心深处的闷雷般的巨响，大地颤抖了，一场没有蘑菇云的核爆炸发生了。

林俊德带领项目组研制的冲击波测量仪器在这次试验中大显身手，仪器数据显示，爆炸威力在设计范围之内。

这也就意味着，中国首次地下核试验成功了！

直到此时此刻，程开甲和王淦昌一直悬着的心才落地。

此次核试验的成功不仅是我国地下核试验探索的新起点，而且也成功警示了苏美，但凡他们敢摁下核按钮对中国进行打击，中国有能力予以反击。这场试验，也是王淦昌、程开甲、林俊德等三代浙大人和其他科研人员合力向祖国交出的一份答卷。

十二、惊魂时刻再突围

1969 年 3 月 2 日，就在林俊德为我国首次地下核试验紧张地做着准备工作时，苏联军队侵入黑龙江省珍宝岛地区，打死、打伤中国边防人员，制造了严重的流血事件。中国边防部队被迫进行自卫反击。

珍宝岛位于黑龙江省鸡西市珍宝岛乡境内，在乌苏里江主航道中心线中国一侧，面积 0.74 平方公里，历来为中国领土，中国居民祖祖辈辈在这里进行打鱼等生产活动，中国边防军也一直在这一地区执行巡逻任务。

此前，中苏边界问题一直是两国间的历史悬案。在中华人民共和国成立初期，中苏关系密切，边界问题自然也被搁置。但20世纪50年代末，中苏在方针政策上发生根本分歧，逐渐交恶，搁置了几十年的边界问题被重新提起。

从1964年开始，苏联向中苏边界地区陆续增兵，并不断在中苏边界制造事端。1964年10月至1969年3月，由苏方挑起的边境事件达4189起，比1960年至1964年期间增加了约一倍。

自3月2日入侵珍宝岛被中国边防部队驱逐后，3月15日，苏联边防军3次共出动50余辆坦克、装甲车和步兵100余人，在直升机、炮火支援下向守卫珍宝岛的中国边防分队发起猛烈进攻，并用多种火炮轰击中国境内的纵深地区。中国边防部队奋起反击，与之激战近9小时，顶住了苏联边防军的6次炮火急袭，挫败了他们的进攻。

17日，苏联边防军又出动步兵70余人，在坦克支援下入侵珍宝岛。中国边防部队再次以炮火将其击退。中国边防部队的珍宝岛自卫反击作战，保卫了国家的领土，维护了中华民族的尊严。

珍宝岛冲突爆发后，苏联领导层反应十分强烈。以苏联国防部长格列奇科元帅、部长助理崔可夫元帅等人为首的军方强硬派主张"一劳永逸地消除中国威胁"，准备动用部署在远东地区的中程弹道导弹，携带当量几百万吨级的核弹头，对中国的军事政治等重要目标实施"外科手术式核打击"。

在中苏关系异常紧张的情况下，中国军队始终"提高警惕、保卫祖国"。为了预防苏联对我国核试验做出破坏行动，1969年12月末，研究所对全体人员进行了一次秘密转移。经过多次辗转，林俊德和战友们抵达了甘肃成县县城。根据规定，他们不能联系外界，不能暴露部队当时的地址。

军旅作家奚启新曾写道："珍宝岛自卫反击战，让林俊德明白了战争随时可能发生；这次转移行动，更让林俊德意识到，自己肩上担负的核试验重任，更与国家的安全和国防的强大息息相关。"

林俊德没有在成县停留太久，随着形势变化，他和一些科研人员很快被调回红山，继续参加新的核试验任务。

十三、重重难关再攻克

1966年，正当我国基本完成调整经济的任务，开始执行发展国民经济第三个五年计划的时候，"文化大革命"发生了。

极"左"思潮波及部队，林俊德也未能幸免。好在风波并未持续太久，1970年林俊德恢复组长职务。从成县回来以后，他领导的小组除了继续执行核试验任务外，还根据当时形势接受了弱击波当量仪的研制任务。

弱击波当量仪是一种在发生核袭击的情况下，能迅速、准确地报告发生核爆炸的地点和威力量级的仪器。

林俊德当时的小组成员周忠海在一篇文章中介绍到，在弱击波当量仪研制过程中，有很多技术难点要解决。"我们讨论解决这些技术难点时，林组长总见解独到，提出很好的解决办法。"周忠海表示，在大家的齐心协力下，弱击波当量仪研制进展很快，1971年底研制出样机，在1973年的试验任务中，除个别仪器误动没拿到数据外，大部分仪器都准确地预报了当量。

近地面或浅埋核爆炸的大气中近区冲击波测量在效应研究和理论研究中都非常重要，然而当时我国在实测数据中这方面的数据较为缺乏。研究室大压力组虽曾在前两次地面爆炸中进行了测量，但由于干扰严重没有拿到数据。

1974年底，研究所给林俊德领导的二组下达了研制大压力项目的任务，并明确告知，根据核试验计划，必须取得完整系统的数据，以填补我国核试验地面核爆炸近区大压力实测数据方面的空白，不给核试验留下遗憾。

任务十分艰巨——近区除高温高压外，强烈的核辐射曾使许多测试仪器无法得出准确的结果。同时，近区电场强度高，给测试工作带来很大困难。此外，被测冲击波本身的高压和对仪器的强烈冲击是另一个棘手的问题。

林俊德没有丝毫犹豫，勇敢地接下了任务，主持成立了大压

林俊德在讲话

力项目研制组。在林俊德的带领下，项目组在充分考虑了多方面因素后，制定了系统的方案。

随后，项目组进行了大量的模拟实验，并采取了多种有效的措施加强防护，在后两次核试验中取得了初步成果。

这时，由于工作需要，林俊德已经晋升为研究室副主任，分管地下核试验。地下核试验是一个新领域、新课题，他要查看很多资料，学习很多新知识，才能深入掌握地下核试验的知识。尽管身上的担子更重了，林俊德依然非常关注大压力项目的工作。

"我们对系统防护措施的改进都向他汇报，每次都能收到很好的建议。"周忠海说，项目组最终在核试验中拿到了数据，取得可喜的进步。"不过，这一结果只是表明防护措施可行，要取得内部的数据还有很多问题亟待解决。"

好在，在距离最后一次地面核试验还有十个月时，项目组经过分析，找到了强电磁干扰的罪魁祸首——强电磁脉冲，并成功解决了这一问题。

经过全组同志的辛勤努力，最终大压力项目在 1979 年核试验任务中，维持测试系统完好并拿到了全部数据，填补了我国核试验近区大压力数据的空白，并获得年度全军国防科学技术进步二等奖。

师生感悟

　　"战士自有战士的告别，你永远不会倒下。"这是感动中国组委会给予林俊德院士的颁奖词。2013 年，还在上小学的我第一次从电视上知道了林俊德这个名字，那时并不理解他是干什么的，他做了哪些贡献，只知道一位老人在病床前还坚持工作，只记得自己当时流下了泪水。2020 年来到浙大，在机械工程学院求学时才知晓那位伟大的科学家竟然是自己的学长，后来我加入了马兰工作室，成了宣传以林俊德院士为代表的浙大马兰人物故事、马兰精神的一员。

　　加入马兰工作室后，站在讲台上，向学弟学妹们讲述浙大马兰人那段"于无声处起惊雷"的故事；站在国旗下，迎着朝阳朗诵《马兰谣》。每一次讲述王淦昌、程开甲、林俊德三代浙大师生的感人事迹，也在一遍遍让自己接受马兰精神的洗礼。也正是因为工作室，我获得了前往新疆马兰的机会，伴随着万里碧空与习习和风瞻仰革命烈士纪念碑，沿着绵延起伏的山脉沙丘追寻先辈的红色足迹，感悟伟大的"两弹一星"精神和"艰苦奋斗干惊天动地事，无私奉献做隐姓埋名人"的马兰精神。

　　每每讲到林俊德院士的故事，我的眼前总能浮现出那个赤着脚挑着扁担到浙大求学的青年林俊德、那个在大漠戈壁苦苦钻研科学技术的中年林俊德、那个在病床前不断冲锋的老年林俊德。记得林院士曾经说过自己的三个没想到，"没想到一个山村穷娃，能够有机会上大学；没想到这么一点贡献，能够当上将军；没想到这么一点成绩，能够评上院士"。其实在宣传林院士事迹和马兰精神的过程中，我也有了三个没想到，"没想到林院士是自己的老学长；没想到自己会成为马兰精神的继承者和传播者；没想到在宣传马兰精神的过程中我改变了自己的职业目标，从一名技术工作者变成了一名立德树人的辅导员"。

（机械工程学院专职辅导员邵文琦）

第四章

奋力再出发

1978 年 3 月 18 日，中共中央在北京召开全国科学
大会。

1984 年，林俊德主导研制的轻气炮被鉴定达到国内
先进水平。

1986 年，林俊德研制的声靶检测系统实验成功。

1990 年，林俊德被调回新疆工作。

1996 年 7 月 29 日，我国完成第 45 次核爆炸试验，
确保了我国自卫核威胁能力的有效性。

1997 年 3 月，林俊德从领导岗位上退休。

20 世纪 90 年代初，林俊德开始把目光转向研究发展核
试验核查技术。

2001 年，林俊德当选为中国工程院院士。

一、独辟蹊径轻气炮

1978年3月18日，中共中央在人民大会堂召开全国科学大会。这次大会，解开了知识分子头上的枷锁，科学的春天再次到来，"赛先生"重新受到人们的尊崇。

闭幕式上，中国科学院第一任院长郭沫若以诗人的豪情吟诵道："春分刚刚过去，清明即将到来。'日出江花红胜火，春来江水绿如蓝。'这是革命的春天，这是人民的春天，这是科学的春天！让我们张开双臂，热烈地拥抱这个春天吧！"

在这股春风的吹拂下，林俊德的科研视野也从专注核试验转向了更广阔的领域。

轻气炮，亦称"空气炮""氢气炮"。它是广泛应用于材料动态力学特征、航天器空间碎片防护、常规兵器毁伤效应等爆炸力学研究领域的重要基础设施。最早由美国、法国、加拿大和英国等研制成功。

轻气炮问世后，我国科学工作者曾注意到这种新技术，中国科学院力学所、研究所力学研究室对其进行了初期研究。轻气炮技术非常复杂，建设工程量非常大，需要强大的财力、物力、人力支持。在经过调研之后，两家研究单位最终都将这项工程搁置了下来，把有关调研资料存入了档案。

20世纪80年代初，在实验室建设提上日程后，一批骨干被派去国外调研，他们在调研过程中认识到该试验装置技术复杂、工作量大。于是，有个别人提出不如直接照搬外国的技术，免得浪费时间、精力和资金，林俊德却十分坚持：我们必须自己搞！

在经历了多次原子弹试验后，一次次外国的技术封锁和云谲波诡的国际局势让林俊德深刻意识到：事关国家安危的国防尖端技术，必须靠自主创新。

在他看来，我们要做这方面的研究，就必须改变思路，做得比国外好。他说："从事一个新工作不怕，一个要有勇气，一个要有高标准，因为前人工作给你垫底了，你应该做得更高更好。当然做具体工作还是要实事求是，一步一个脚印走。"

在充分调研国内外状况后，立足在核试验仪器研制中积累起来的技术基础和强烈自信，林俊德决心将研制某高水平核心器件作为研制工作的突破口。在他的带领下，经过两年左右的时间，一座高性能轻气炮终于在红山开始运行。

1984年，军内外多位著名专家组成的鉴定小组对该气炮进行了技术鉴定，他们一致认为"设计方案合理，技术指标先进，结构紧凑，性能稳定，操作方便，建炮周期短、成本低，达到国内先进水平"。专门为这座炮研制的某高水平核心器件也收获了与会专家们的交口称赞，并在后来获得了国家发明技术奖。

在此基础上，为满足航天器空间碎片防护研究需要，林俊德和他的同事们进一步研制成功了气体驱动二级轻气炮，一改国际上常用的火药驱动方式，具有高效、安全、无污染等显著优点。目前，二级轻气炮已在哈工大、中科大、国防科大、三医大、兵器工业 203 所等科研院所建设使用。

创新的脚步永不停止。很快，林俊德又指导展开了三级轻气炮技术研究，达到国际上非火药驱动轻气炮的最高指标，并有望实现更高弹速指标。

研制轻气炮过程中，林俊德曾遇到试验装置中的弹丸选用什么材料的问题。在实验中，用铁太硬，塑料又太脆，他想了好多办法也没有找到最合适的材料。女儿林春说，那段时间父亲满脑子装的都是这件事，跟他说话，他常常答非所问。

直到有一次，林俊德到南方疗养，休息时间散步到建材市场，看见许多卖木地板的小贩极力向来往的顾客推销，夸自家木地板有多好。本是最寻常不过的画面，林俊德听商贩这么一说，突然想到了弹丸的材料问题，连忙掏钱买了几块木地板样料。

疗养结束后，在众人不解的眼神中，林俊德背着木地板样料回到单位，用锯子锯开研究。通过对木地板样料硬度、密度等的分析，他最终从中选定了其中的一种木料，而用它做出的弹丸也获得了最佳的实验效果。

二、声靶技术破痼疾

20 世纪 80 年代，国务院和中央军委提出，要大力开展军民两用技术的开发和研究，为国家经济建设服务。

1985 年，某试验靶场到新疆做打靶试验时，靶场领导向林俊德他们介绍了一些需要提供技术支持的科研项目。后来，研究所成立了相关专家团进行实地考察，带回来了几十个有合作可能的科研项目，其中一项就是声靶检测技术。

这种技术是运用弹道击波和爆炸声波定位原理，确定枪炮射击弹着点位置，相对于传统人工目测确定精度的方式，具有精度高、效率高、安全可靠性高等优点。当时，该技术在西方某些国家已较为成熟，国内有关这方面的科研攻关却进展缓慢。

此前，某试验靶场曾与地方单位搞过协作，但历时多年、耗资不少，检测系统是研制出来了，却没法使用，一有"风吹草动"，检测系统的信号就不好，达不到检测标准要求，只能堆在仓库里。林俊德得知情况后，决心啃下这块"硬骨头"。

最初，林俊德的决心没能打动试验靶场的领导，在与靶场领导沟通中，林俊德明显感觉到对方对自己的研制能力不信任。后

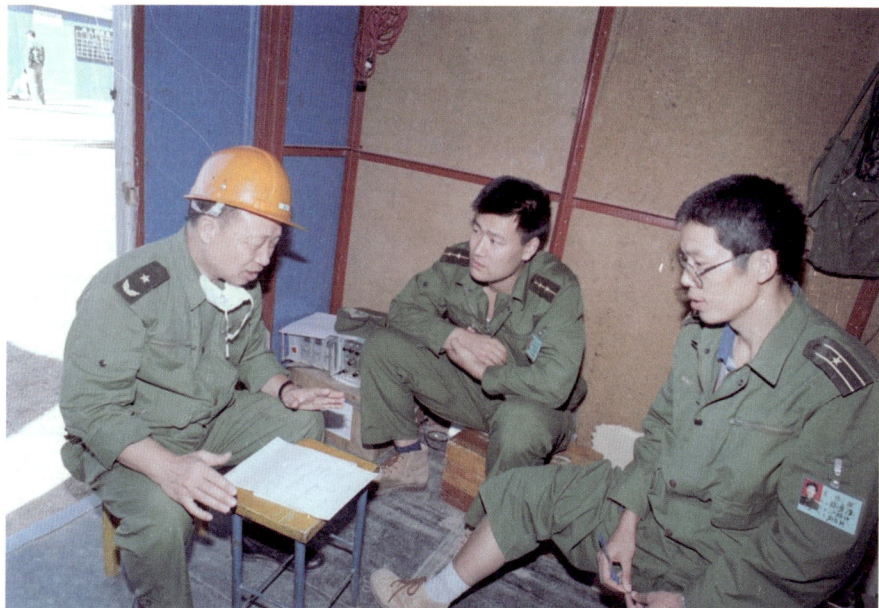

林俊德（左一）与同事讨论工作

来，他没有多说什么，而是告诉靶场领导："合同可以先不签，研制阶段也不需要你们出钱，明年我们带样机过来做实验。"靶场这才同意开展合作。

回到红山后，林俊德就投入了声靶检测技术的研究中。没有资金，他就带领项目组自筹；多次失败，他就充分吸取兄弟单位的前车之鉴，有效规避国外同类技术弊端。

其中，在做声靶自动检测实验时，需要用多个传感器探测声波，每个传感器的性能都要标定。项目组的同事想了很多办法，都无法真正解决。后来，搞爆炸力学出身的林俊德用两根铜丝解决了这个难题。

他设计了一个用两根铜丝做成的电火花发生器，用电容器充电，两根铜丝一碰，产生电火花，就会出现一个爆炸信号，利用这个信号就可以测出传感器是不是正常。这个"土办法"，一下子把问题解决了。

后来，林俊德想到了更先进的办法，在整个系统上装了一个自检系统，通过指令发信号，信号正常了，就说明整个系统可以运行。如果出现故障，也能有针对性地进行排除。在林俊德和小组人员夜以继日的连续攻关下，终于如期完成了所有必要的样机试验。

第二年春天，林俊德带着样机来到试验靶场。"砰砰砰……"几轮枪响过后，检靶员拿着现场检靶数据和林俊德小组研制的样机显示的数据仔细核对，完全相符。接着又打了一轮，数据依然非常吻合。

在枪靶实验圆满完成后，又进行了火炮立靶实验，结果同样远远超出对方预期。"真了不起！我们做了几年都没做好，你们用了这么短的时间就做好了。"在亲眼看到样机的试验效果后，靶场领导连连称赞，立刻决定签订合同。

林俊德和同事们研制的声靶自动检测系统，解决了当时我国大面积立靶自动检测的难题。目前，已应用于我国多个试验靶场和武警、公安部门射击训练场。

三、见证全部核试验

1987 年，研究所从新疆红山搬到了陕西西安，林俊德也随之来到西安定居，1990 年则又被调回新疆工作了几年。

1996 年 7 月 29 日 9 时整，伴随着一声沉闷的巨响，大地摇晃、颤抖……至此，中国以总计 45 次、不及美国二十五分之一的核试验数量，确保了我国自卫核威慑能力的有效性。

当晚，中国政府郑重声明：从 1996 年 7 月 30 日起暂停核试验。声明再次重申，中国在任何时候、任何情况下都不首先使用核武器。我国作出这一重要决定，既是为了响应世界广大无核国家的要求，也是为了推动核裁军而采取的一项实际行动。

之后，曾经驻守在马兰为我国核试验事业作出奉献的人们，陆续走向新的岗位。1997 年 3 月，林俊德也从领导岗位上退休了。对于别人来说，退休了或许意味着可以好好地享受生活了，但退休后的林俊德依旧奔忙在第一线，生活几乎没有太多变化。他一边继续从事一些前瞻性的研究，一边带研究生。直到 2000 年后，他才有较长的时间定居在西安。他曾对孩子说："我有三分之一的时间在马兰，三分之一的时间在外地，能有三分之一的时间在西安多陪陪你妈，已经很知足了。"

林俊德（右二）回校参加浙江大学建校100周年校庆

　　此外，作为极少数参与过新中国全部45次核试验的科学家之一，在我国暂停核试验后，林俊德对地下核试验爆炸力学进行了全面总结，撰写了《地下核爆炸力学》和《地下核试验工程》两本书，以大量的实测数据为基础，全面阐述了地下核爆炸力学现象规律和地下核试验工程的物理力学原理及其主要技术，为从事核爆炸力学研究和工程研究及工程管理人员提供了系统的学习教材。

　　林俊德是新中国培养出来的科学家，他几乎把自己的一生都奉献给了新中国的核试验和国防科技事业。他常说，为党和国家做事是天经地义、天地良心，只要能走得动，还有时间为党工作，就不能停下来，不能因为离开领导职位就不干了，只要组织需要一天，就多干一天。

四、谁对就按谁的办

20 世纪 90 年代初，面对国际上全面禁止核试验条约谈判提出的核查技术问题，林俊德开始把目光转向研究发展核试验核查技术，把地下核试验应力波测量技术向核试验地震核查技术拓展，全面收集分析全球地震数据，开展了核试验地震、余震探测及其发生与传播规律研究，取得了重要成果。

林俊德很早就预见到地震核查项目的重要性，建议所里及时引进地震专业人才，一批来自北京大学、中国科技大学的青年学子陆续来到研究所。面对年轻人，他从来不以权威身份压制他们。

"那时，他已经是基地的总工程师了。不过他没有否认我的方案，我们就各搞各的，最后证明我的试验结果确实比他的更理想。他一开始还不想放弃，想了很多办法进行改进，依然没能达到效果。最后，他坦然向大家承认自己的思路有问题。"靳博士回忆道。

事后，林俊德对他说："现在有好多浮躁是出于不虚心，就是老百姓说的不知天高地厚。我在学术上很'倔'、很'固执'，但我从不以权威身份压制不同声音，我鼓励大家用试验数据说话，用试验结果说话。"

这种实事求是的科学精神，深深感染了靳博士和其他年轻科技干部。

后来，林俊德虽然不再具体负责项目，但大家有问题请教，他总会认真和大家探讨交流。看到年轻技术干部干劲十足、成长迅速，他很是欣慰，多次向所领导建议，要让年轻人挑大梁。

不仅如此，对待科研工作，林俊德的风格向来就是谁对就按

林俊德（右一）与同事讨论工作

谁的办。

霍宏发是林俊德的学生，2000 年春节前后，他担任了某项目负责人。在一次会议上，由于在方案和工艺设计方面观点不同，他与林俊德产生了很大的分歧，最终在激烈讨论中摔门而去。当时，基地首长和所领导都在现场。

经过反复论证，最终证明还是林俊德的想法经得起实践的检验。得知后，霍宏发十分不安。可林俊德却根本没把这件事情放在心上，相反，他还鼓励霍宏发去研究复查到底是哪里出现了问题。

五、求真务实显本色

林俊德是一位极度较真的科学家。

在他的科研词典里，最容不得"将就""差不多""应该是"这样的词汇。凡是试验中的关键环节，他都要精细把关。核心仪器设备，他要坚持全程在车间督导生产。当产品精度达不到要求时，他就亲自动手，反复修正完善，直到达到设计允许公差的最小值才肯罢休。

他的这份较真，也感染了学生们。

学生唐博上想做一个钢丝网筒装置，将某最新技术成果转为民用，向社会推广。于是，就把自己的研究设想告诉了林俊德，林俊德听了以后，非常赞同。

原来，早在六七年前林俊德就开始考虑这个课题，但是当时由于有些关键技术还没有解决，就暂时搁置了。他勉励唐博士，这是一个前沿的多学科的应用研究性课题，可以借鉴的研究文献很少，很难应用现有技术取得成果，依靠持续深入的创新性研究才有可能成功。

两天之后，他就将自己的研究方案、图表文书等相关资料和盘托出，并向唐博士详细介绍了研究开发中的注意事项、关键部件应使用的材质、与地方商家打交道的技巧等。

不仅如此，在钢丝网筒制作过程中，究竟用 1 毫米还是 2 毫米的钢丝，中间留多大空隙，林俊德都会亲自过问。为了找到最合适的材料，他还带着学生跑了几十家商店，逐一比较哪家的钢丝质量更好。

看着学生有些不解的神情，林俊德语重心长地说："不要小看这些细节，搞科学研究就要一丝不苟，差一毫米都不行。"

面对科研试验，林俊德从来都恪守严谨细致的原则。

一次试验，由于在前期做了大量准备工作，大家都兴奋地期待试验成功。没想到，真等到试验那天，某型装置却出现了严重故障。有人开始慌了，因为相关装置的制造都是严格依据设计执行的，之前也从未发生过类似情况。

有人怀疑是试验方案出了问题。如果真是这样，那意味着这次试验是一次彻头彻尾的失败案例。

就在大家六神无主时，有人把林俊德请到了现场。林俊德到达现场后，第一句话就安慰大家："一次失败的试验，给我们带来的信息有时比成功的试验还要多。我们不要害怕失败，重要的是找出问题所在。"

接着，他深入现场，仔细研究试验方案，推演试验过程。

经过两个多小时的反复比对，他给出建议："判定不是试验方案的问题，可以对材料成分进行化验，从这里面找原因。"

第二天早上，当大家再次来到试验现场时，林俊德早已在现场拍照测量，调查研究。他对大家说："不能放过任何一个细节。"后来，检查结果显示，正是因为材料成分不达标造成的。

林俊德的推断被证实了。

求真求实，是科研工作者的精神底色。林俊德不仅以身作则，对待学生，他也是特别严格，行事较真，绝不拐弯抹角，绝不留情面。

2009 年，林俊德的一名学生带的研究生参加学位论文答辩，林俊德和他的学生都是答辩委员会的成员。在答辩讨论中，论文被挑出了几处错误，其中包括一处研究思路表述不清，甚至还有两处标点符号使用错误。答辩委员会中有人提出，一篇答辩论文有这么多错漏，说明很不严谨。

可是林俊德的这位学生，面对自己带的研究生的学位论文，不仅没有作出有效的纠正，反而给出了较高的评价。那位研究生也用一些站不住脚的理由进行辩解。如此护短的行为令林俊德十分不满，当场就给予了严厉批评。

最终，论文没能通过答辩。林俊德语重心长告诫学生，做老师不仅要教学生知识，更要做他们人生的榜样，求真务实是最基本的原则。接着，他又带着学生认真地帮"徒孙"找问题、选方案，要求再次做实验、写论文，重新答辩。

六、师者擎灯为后学

在林俊德的工作电脑里，每一位学生，都有一个属于自己的文件夹，那是老师多年来为他们建立的个人成长档案。

每一个文件夹都详细记录着每个人的技术专长、培养计划，里面按照年份再建立子文件夹，具体内容包括：一年里每名学生做了哪些工作，汇报了哪些内容，基本细致到包括每次电话汇报；学生对课题的设想、技术方案、进展情况；学生做的重要实验获取的原始数据及处理情况；每个人的性格特点、长处短板等。

有了这些档案，林俊德对每名学生的成长情况了如指掌。

作为林俊德带的第一名硕士研究生，楼沩涛在与老师相处的过程中，感受到了他的悉心指导和关爱。

熟悉林俊德的人都知道，做他的学生，就意味着必须要写出水准极高的毕业论文。楼沩涛的硕士学位论文写好后，林俊德认为修改后可以投给国内某重要学术期刊发表，但楼沩涛认为自己水准还不够，一直拖着没有去做。

林俊德知道后，先是鼓励他多投多试，并亲自为楼沩涛修改论文，然后再推荐给期刊。这是楼沩涛在核心期刊上发表的第一篇论文，为他从事科研工作树立了自信。林俊德经常提醒楼沩涛："科研上还是要自己多下功夫，我不可能一直手把手地教你，当然有问题可以随时找我。"

在林俊德的鼓励和鞭策下，楼沩涛陆续在核心期刊发表了多篇论文，在科研方面取得了重要成果。

鼓励学生提问，时刻把学生的问题放在心上，是林俊德留给刘文祥最为深刻的印象。

一次，有位同志和林俊德同在乒乓球室里打球，借着轮换休息的空当，他向林俊德请教一个问题，林俊德当场说："你提的这一点我还不是很清楚，回头论证一下再答复你。"林俊德当时工作极为繁忙，这么小的一件事情，这位同志以为他可能很快就会忘记。

没想到，第二天两人在乒乓球室再次相遇时，林俊德立刻叫住他，接着和他探讨起了昨天的问题。"咱们可以试试这个方法……"

在林俊德的点拨下，这位同志很快攻克了难题，并有效地应用到第二年的试验中，立下了军功。后来他才从同事那里获知，那天晚上，为了解决他提出的问题，林俊德一直忙到凌晨 1 点多。

林俊德并不是一位"高产"的导师。这么多年，他总共带出了 23 名博士、硕士。如今，林俊德指导的学生都已成为相关领域的专家，有些已成为学科带头人，还有 3 位当上了研究室主任。

哪怕不是他带的学生，林俊德也悉心呵护。

2011 年底，解放军理工大学在某国家重点实验室举行了一场学术研讨会。会议上讨论的主题是林俊德的研究方向。其间，

林俊德与同事讨论工作

一位年轻的副教授向林俊德请教，林俊德没有丝毫架子，与他聊起了相关学术问题。

会议结束后，这位副教授还想和林俊德进行深入讨论，于是林俊德将自己的通信地址给了他，并鼓励他多尝试。后来，这名副教授把自己的想法和问题整理出来，寄给了林俊德。收到信件和光盘后，林俊德对他提的问题进行详细梳理，并制表、作图、分析数据、注释文字，很快完成了一封回信。末了，还不忘加上一句"新年好"。

收到林俊德的回信后，年轻的副教授十分感动。他没想到，一位年逾古稀的院士，能够如此认真细致地给后辈回信。这封信被他珍藏起来，保留至今。

七、超然物外心淡泊

"淡泊名利、潜心研究"，是许多中国科学家的精神底色。

这一点在林俊德身上体现得淋漓尽致。当选院士后，按规定他可以申请配专职秘书，但他始终拒绝。他总是说，我身体好，大多数事都可以自己干，能不麻烦组织照顾，就尽量不要，不多占资源了。

尽管早已成为国防科技领域的权威人物，但林俊德从不以此自居，而是坚守"三不"原则：不是自己研究的领域不轻易发表意见，装点门面的学术活动坚决不参加，不利于学术研究的事情坚决不干。

林俊德当选中国工程院院士后，众多著名高校纷纷发出邀请，想聘他担任客座教授，林俊德总是婉言谢绝。有人劝他，客座教授只需要在研究项目、课题、学术会议等方面提供一些指导，既不影响工作，还有一定收入。林俊德却始终不为所动。

西安某大学再三邀约，林俊德考虑到离单位较近，自己有时间有精力为学校建设和人才培养出一份力，便答应下来，后来实在因为工作太忙，很难抽出时间指导学校的科研教学工作，他便主动辞去了客座教授的职务。

2005年，在一次学术会议上，东北某大学的一位领导听了林俊德的学术报告后，对他的学术造诣和科学精神很是佩服，盛情邀请他担任该校的名誉教授，林俊德说："我们的研究领域虽然接近，可是距离太远，鞭长莫及，我给不了什么指导，这挂名教授我还是不当了。"

旁人眼中遥不可及的光环，在他看来却无足轻重。

参加学术评审会，参评人员上门拜访，林俊德总是拒绝见面，并转告只看材料不见人，更不接受礼物。林俊德主持完成了许多科研项目，但在排报奖名次时，他常常把自己往后放，还总说："干工作时可以叫上我，其他的就不用再考虑我了。"

与学生合著文章，尽管他付出很多心血，但每次稿费都让给

林俊德在会上作报告

学生。组织上曾两次推荐他申报何梁何利基金奖，都被他婉言谢绝。每当有人提起林俊德的卓越成就时，他总是谦虚地说："工作是我和同志们共同做的，成绩归功于集体。"

林俊德一生耐得住寂寞、守得住清贫、抵得住诱惑，他常说："看得透一些，也是一种积极态度。"

林俊德喜欢游泳，退休后，有空时他便会去游泳馆游泳。据游泳馆的一位工作人员回忆，林俊德身上完全没有将军和院士的"派头"，就是一个慈祥随和的普通老人。

"林院士每次来游泳，我从未见过他坐过专车带过秘书，常常是一个人来一个人去。"工作人员每次想要帮他叠衣服时，他总是说："不用不用，这样放着就可以了。"

这位游泳馆工作人员至今还记得，2012年初，林俊德最后一次到游泳馆游泳。离开时，还和他握了手。他回忆道："那是一双粗糙又温暖的手。林俊德说：'谢谢你们了，我以后就不再来了，我要回西安了。'然后提着手提袋，骑着一辆上海永久牌的自行车慢慢地离开了。"

从网上看到林俊德去世的消息时，这位游泳馆工作人员怎么也不敢相信，他心目中景仰的英雄已经离开了这个世界。他忍不住回想起林俊德最后一次和自己握手时的场景，回想他离开游泳馆时说的话……

"最遗憾的是，他真的没有再来，永远不会再来了……"

师生感悟

林俊德院士入伍 52 年，参与我国全部 45 次核试验。工作期间，他获得了 5 项国家科技成果奖，20 多项全军科技成果奖，为我国核武器事业的发展作出了重大贡献。朴素之言，足以温润人心；卓绝之行，足以风动四方。回望林俊德院士的成长轨迹，从山村穷娃赤脚求学，再到毕业后响应国家号召投身核试验工作，我们不难发现他将自己的个人命运与祖国发展结合得如此紧密的"密码"：是许党报国的责任使命，是求是情怀的坚守传承，亦是真才学识的全心投入。

怀抱梦想，以青春回应许党报国的使命担当。1960 年林俊德从浙大机械系毕业，就积极响应党和国家的号召，毅然投身到了核试验事业中。1964 年 10 月 16 日，罗布泊上空蘑菇云腾空而起，林俊德小组研制的钟表式压力自记仪在第一时间准确测得了核爆炸冲击波参数，为这一次核爆炸提供了有效的数据支撑，那时候林俊德年仅 26 岁。

精神之光，穿越时空。将个人奋斗的"小目标"融入党和国家事业的"大蓝图"，始终与党和国家同向前行，这赋予了年轻的林俊德无比远大的目标和志向。他也以拼搏的青春，奉献的青春，在戈壁滩上留下了充实、温暖、持久、无悔的回忆。

脚踏实地，用本领彰显求是情怀的坚守与传承。林俊德以优异成绩考入浙江大学机械系学习。大学期间，他忘我学习，刻苦钻研。在日后工作中，他也一直不忘对求是情怀的坚守传承，这份求是情怀也潜移默化地帮助林俊德完成了一项又一项重要任务。为拿到第一手资料，林俊德常年奔波在试验一线。凡是重要试验，他都亲临现场，拍摄试验现象，记录试验数据。由易到难、由近及远，即使起于三寸之坎，万仞深井亦可凿成。我们在校求学的一分一秒都推动着命运齿轮缓缓转动，重视在校学习的每一个环节，便是脚踏实地达成远大目标的朴素箴言。

"中国青年的奋斗目标和前行方向归结到一点，就是坚定不移听党话、跟党走，努力成长为堪当民族复兴重任的时代新人。"[①]这是习近平总书记对亿万青年的寄语，指明了青年人应当肩负的时代使命。林俊德院士以青春回应国家需要，用真才实干绘就核盾蓝图。立足新时代，我们要坚定不移听党话、跟党走，怀抱梦想又脚踏实地，敢想敢为又善作善成，学真本事，练真本领，立志做有理想、敢担当、能吃苦、肯奋斗的新时代好青年，让青春在以中国式现代化推进中华民族伟大复兴的道路上绽放绚丽之花。

（浙江大学机械工程学院 2021 级硕士研究生赵金栋）

---

① 习近平. 论党的青年工作 [M]. 北京：中央文献出版社，2022：241.

第五章

最后的冲锋

2012 年 2 月，与马兰基地吴司令员深谈科研设想。

2012 年 5 月 4 日，在北京确诊胆管癌晚期。

2012 年 5 月 23 日，转入第四军医大学唐都医院。

2012 年 5 月 25 日，写完学生的博士论文评阅意见。

2012 年 5 月 26 日，病情急剧恶化。

2012 年 5 月 31 日，林俊德逝世。

一、心系强军梦

2012 年，春节刚过，一封近 5000 字的长信，摆在了基地吴司令员的办公桌上。

信是林俊德写的，言辞激烈，语气率直，内容主要是关于基地爆炸力学技术发展的科研设想和技术思路。

"看得出写这封分量厚重的信花了他不少时间。"后来吴司令员在一篇文章中回忆道。黄建琴证实了吴司令员的猜测，为了写这封信，林俊德从除夕夜开始，连续几个晚上伏案写作，像"疯"了似的在赶时间。

作为我国爆炸力学领域的开拓者和领军人，林俊德一直致力于思考和谋划爆炸力学技术的发展路线，他在信中提及的设想，直接关系到我国国防科技和武器装备建设的长远发展。

深知此信分量的吴司令员立刻给他打电话："我们需要谈谈，我到西安去，或者您到马兰来。"

林俊德回得很干脆："我去马兰。"

2 月 17 日，元宵节过后，林俊德便急忙赶到马兰——这片浇筑了几代人青春与汗水的地方，见证了我国45次全部核试验，也见证了一个大国的崛起。

见面后，林俊德迅速与吴司令员进行了长谈。谈到重要的地方，他甚至忘记了吴司令员不是学爆炸力学的，直接拿起笔，在一张大纸上画起结构图和计算式来。

"望着他专注、认真甚至有点倔强的脸，我有点走神，想象他的一生就是这样执着地走过来的。当年他在闽南永春山区的家一贫如洗，母亲倾尽所有加上国家的助学金才让他一步步走进浙江大学并完成学业，这个在学校经常打赤脚专注学习的优秀学生从此以自己丰硕的成果，给了国家、母亲以及早逝的父亲最大的回报；只是凭着惊人的专注，他当年拿自行车轮胎和闹钟等东西自主发明的"土仪器"，实现了最终对核爆炸冲击压力的确认，并摘得又一个国家发明奖。这样的执着，这样的认真，一次次地冲击并影响着他周围的人们的认知。他总是这样执着地工作，总是这样认真生活的吗？回忆起那天的场景，吴司令员心中感慨万千。

直到吴司令员和他一起商定，安排人员和经费对其所提的技术路线进行研究时，他紧绷的脸庞终于露出了笑容。

"不过，我也有两个请求。"谈话间，吴司令员注意到林俊德的脸色不如以前，对他说："一是您这次必须搬家，您先前住的平房老得快塌了，需要腾出来维修。二是要好好体检，要到第三军医大学去，他们的专科水平高。"

林俊德答应了。

林俊德住的老平房，是他在马兰的宿舍。基地为他安排的新宿舍，是一个独立的小院，院子里有一棵杏树。搬到新宿舍后，前来帮忙的小战士正要把院子里的杂草拔去，林俊德看到后特意叮嘱道："院子里的草不要拔，让它们自由生长，戈壁滩长草不容易。"

吴司令员就住在隔壁。两家之间隔着一堵低矮的围墙。听见林俊德在说话，吴司令员就走出来说："林老啊，把家早些搬过来，我们做伴。"然后又叮嘱道："别忘了去医院体检啊。"林俊德转身对他微笑着说："明天我到三医大体检去，后续的技术项目我写了个意见给你。"

临行前一晚，一份近2000字的建议交到了吴司令员手上。

3月12日，在基地卫生处葛副处长的陪同下，林俊德离开马兰去位于重庆的第三军医大学做体检。

林俊德向来重视体育锻炼，喜欢游泳、打乒乓球，一向体魄强健。2011年以后，他却越来越瘦，后来腹部甚至开始疼痛，经常半夜醒来。基地领导和老伴儿黄建琴多次要他去医院做检查，他总以工作忙碌为借口，迟迟没有去医院。

第三军医大学经过一系列检查后，发现林俊德有腹水，但暂时还不能确诊，必须做进一步检查。

3月18日，请示基地吴司令员后，葛副处长立即陪同林俊德赶赴北京，到中国人民解放军总医院进行复诊。

复诊时间比想象中的更加漫长，结果迟迟不出。为此，黄建琴也赶来北京陪伴。两人见面后，林俊德还很高兴地和她分享搬家的喜悦："我们搬小院子了，以前住半套房，现在是一套，院子里有棵大杏树，夏天我们一起到马兰去住！"

其间，吴司令员和基地政委来医院看望他，林俊德认真地谢绝了慰问金，"我不缺钱"。两位领导劝他既来之则安之，借机多休息一下。他很爽朗地说："我工作和休息是一回事，就算是查出有大问题，我也不在乎，我75岁了，这一生很充实，很满足，一辈子干了核试验这件事就够了。"

吴司令员回忆："我们告别出来找主治医生了解情况，也许是见惯了医院的人来人往、病痛疾患，年轻的主治医生有点心不在焉，当我说到马兰山高路远，林院士对国家核试验事业有重大贡献，希望多多关照时，不知道哪一句话触动了她，她感动地站了起来，很认真地看着我们说：'谢谢你们介绍，他还需进一步确诊，但是实际情况很不好，我们一定会尽力。'"

林俊德终究没有等到夏天。

2012年5月4日，林俊德被确诊为胆管癌晚期。

5月的北京，乍暖还寒，繁花还未绽放。广袤的蓝天下，鳞次栉比的高楼耸入云霄，四通八达的街道上，汽车与行人川流不息，孩子们在公园嬉戏，大人脸上挂着笑容，整个城市散发着盎然生机。

这样的国泰民安，正是经历了战火洗礼的林俊德和他那一代人最大的心愿。

后来，在中国人民解放军总医院，75 岁的林俊德偶遇了他的老战友、老领导——94 岁的程开甲。

那时，林俊德的生命已进入倒计时，但他还沉浸在尽快出院，投入工作的期待中。一想到自己将要回西安继续工作，他还是用尽全身的力气，到病房探望程开甲，向老领导、老恩师辞行。两位白发苍苍的老人见面后，眼神里满是激动，紧紧地握着彼此的手——那是两双布满了老年斑的瘦弱的手，久久相对无言。正是这两双手，在那个一穷二白的年代，与许多双同样有力的大手握在一起，造出震惊世界的一声春雷，托举起新中国的未来。

二、与死神赛跑

医院迟迟不肯让他出院，最终，他察觉了。

在人生最后的时刻，林俊德拒绝动手术，他决定与死神来一场赛跑。

吴司令员再次赶到北京，试图和倔强的林俊德沟通。等其他慰问的同事离开后，林俊德对吴司令员说的第一句话就是批评：

"你作为司令就不应该来，你来了其他人也得效仿跟着来，浪费时间浪费钱！"

"我的情况我清楚，医院的情况我也清楚，你不必再劝，我现在需要的是时间，你赶快安排我回西安，我要一段时间把电脑里的材料整理出来，要不以后他们不好看懂，书面材料来不及了，以后让我的学生慢慢整。"

林俊德和吴司令员闭门谈了一个多小时，他的人生经历、他的故乡情怀、他的技术思想，他的学生的各自特点，哪位可以委以总体技术大任，哪位擅长工程应用，哪位还应该多参与项目实践……，他娓娓道来。

"他依旧是那么刚强爽朗，看不出一个身患绝症的人因眷恋生命而涌动的一点惆怅。"吴司令员说。

最后，林俊德握着吴司令的手说："我一生不给组织添麻烦，我的老伴、孩子历来本分，今后有饭吃有衣穿就行了，除非有天大的难事找你，否则你不要过问，影响不好。"稍稍停了一会儿，他哑着声音说："把我埋在马兰。"

吴司令员转过身，泪流满面。

在北京住院期间，林俊德曾给学生秦学军打电话，请他将计算机里面里每个学生的相关资料拷贝出来分给大家。后来，秦学军从黄建琴那里得知，老师打电话时，刚做完腹腔镜手术，后来又出现大出血，身体很虚弱。

5 月 23 日，林俊德转入第四军医大学唐都医院。他身上插着导流管、胃管、减压管、输液管，戴着氧气面罩，但仍坚持工作。医生、家人、学生多次劝他躺下休息。他说："躺下就起不来了。"并强烈要求把办公桌搬进病房。

他对来探视的人说："我没有时间了，看望我一分钟就够了，其他事问我老伴儿。"他让老伴儿在病房外间的会客间专门接待来看望他的人，对远道而来的亲人也是如此，没有任何商量余地。

病房里，只有学生可以待得久一点。林俊德仔细询问每个人的工作进展，并叮嘱他们在下一步工作中要着重注意的问题。林俊德在北京住院时，唐姓学生写好了博士论文，电话里告诉他可以把已经完成的论文送过去，也想借此机会去探望他。林俊德说："你不用过来，浪费时间，影响工作，我过几天会给你打电话。"

5 月 23 日，林俊德从北京转到西安唐都医院，第一时间就叫唐姓学生把论文送过来。

为了不影响学生的毕业答辩，在去世前几天，林俊德强忍病痛，在读完唐姓学生 130 页、8 万多字的博士论文后，用颤抖的手为他的毕业论文写下评阅意见。尽管手抖得厉害，但字迹依旧工整，没有一丝潦草。

25 日下午，林俊德把唐姓学生叫过来，将修改后的论文交给他。这份评阅意见一共 338 个字，是林俊德留下的最后手迹。

此外，林俊德临终前最放心不下的，是凝聚着他最新设想的

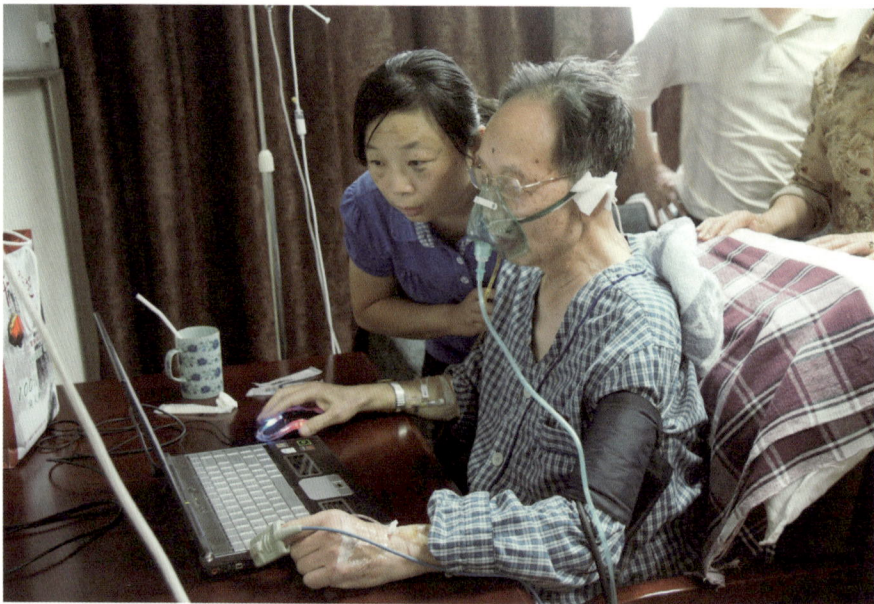

2012 年 5 月，林院士在唐都医院的照片

有可能赶超国际先进水平的两个重大国防科研项目。去世前，他先后两次在病房里召集课题组开会，向大家交代后续科研工作，临了总要再叮嘱一句："坚持走自己的路！"

林俊德还特意让女儿林春专门给他买了一个笔记本。在笔记本上，他写下了最后的工作笔记。

第一页是通讯录，详细记录着他的学生、同事的联系方式。

第二页是目录：①计算机、保密柜清理；②气炮技术；③马兰物品清理（宿舍、办公室）；④给家人的留言；⑤（空白）。

第三页：①电脑开机口令；②台式机：全部内容格式化清空

后交还单位；③锁死笔记本（在保密柜里）——清空工作内容，保留个人资料。

第四页：保密柜开锁示意图。

第五页：保密柜的物品处理——①上交单位的物品（包括一台尼康相机和小榔头等试验工具）；②私人物品。

第六、七、八页：工作手稿。

第九、十页：三级气炮实验。

第十一页是对家人的留言，打开后是一片空白。他还没有来得及留下只言片语。

三、生命倒计时

2012年5月26日早上，林俊德病情急剧恶化，被送进重症监护室。两天后，在他的强烈要求下，又被转回普通病房。

30日，林俊德腹胀如鼓，被诊断为肠梗阻，为减轻病情，医生为他下肠梗阻导管，一个多小时也没能下下去，医院决定给他做肠梗阻手术。林俊德对医生说，我不做手术，即使做了手术能延长几天，又不能工作，这样没意义。

由于林俊德拒绝做手术，院长召集专家会诊，建议给他做透析治疗。林俊德问院长：透析是否影响工作。院长"骗"他说："不影响工作。"林俊德这才同意做透析。当主治医生任引刚准备给他做治疗时，林俊德又问了一句："透析影不影响工作？"不知情的任医生说："影响工作。"林俊德说："那就不做了。"无论大家怎么劝阻，他的态度都很坚定。

2012年5月30日开始的每一天，他都在分秒必争。

18：40，林俊德要求拔除胃管，护士长强烈建议留置。林俊德说："人不吃不喝可以活7天，没问题。"

18：52，护士长看到林俊德仍在工作，对他说："院士，要是累了就休息会儿，千万不要硬撑。"林俊德大声说："好！"老伴儿黄建琴递给他小半碗稀饭，林俊德边喝边说想吃咸菜，黄建琴拿来咸菜，林俊德说放一点豆腐乳，一点就好。黄建琴喂他，他坚持自己喝。

19：00，林俊德对护士说："希望把胃管拿掉。"黄建琴让他歇一会儿，林俊德同意了，然后关掉电脑，并要求站着休息。

19：35（心率132、血压114／80、呼吸44），林俊德听从大家意见，上床休息。在移动过程中，他说："活动输液架怎么头重脚轻。"大家解释是由于他工作时需要输液，距离太长够不到。林俊德点头表示理解。

20：05，黄建琴告诉他，几名学生要过来看望。林俊德说："已经来过了，在301的时候就看过啦。"黄建琴问他："那还见吗？"林俊德说："见，来了能不见吗！"

20：10，林俊德妹妹说：小时候玩游戏，我总是输给你。边说边用手帮他梳头发。黄建琴说："他一直都是自己把自己的头发梳得整整齐齐的，从来不让我给他梳。"妹妹说："我从几千里的地方来给他梳头，他能不愿意吗？"林俊德笑着点头，愿意、愿意，并开玩笑说，要浪漫。大家都笑了。妹妹说："哥哥，孙悟空取经都要历经九九八十一难，你要拿出搞科研搞工作的那种坚定的精神，度过此次'假象'。"林俊德坚定地说："没问题。"

20：20，林俊德让大家回去，让女儿也回去，说："你们在这，会给我负担，我会很累。"黄建琴笑着说："好，你们走，老伴儿留在这儿，老伴儿肯定要在。"林俊德说："对！一直都在。"

20：35，研究所领导和学生来看望。院士留下临终遗言："我不善于交往活动，实事求是搞科学。咱们花钱不多，做事不少。咱讲创造性，讲实效，为国家负责。马兰精神很重要，艰苦奋斗、无私奉献，希望大家继承马兰精神，让国家、人民尊重我们。人能力有限、时间有限，但是，只要努力，都能做出成绩，体现出自己的价值。我一辈子只做了一件事，就是核试验，我很满意。一辈子支持我的就是诚恳，不侵害别人利益，对别人宽容，对自己严格。我本事有限，但是尽心尽力。谢谢大家！"学生要扶他上床休息，林俊德拒绝。

20：50，林俊德要跟学生们合影，准备用自己的相机。让女儿拿相机给他。他要亲手调试，戴着老花镜，反复试照。

21：00，林俊德的一位学生来电问候。

21：10，林俊德和所领导、学生合影。学生们临走时依次跟他握手，并用额头轻轻抵住他的手背。

21：15，林俊德和家属、司机合影。

21：18，家人让林俊德休息，被他拒绝，打开电脑伏案工作。

21：40，家人问林俊德是否喝中药，他同意后喝了小半碗，然后继续工作。家属一直默默陪伴在林俊德身边。

23：20（心率125、血压105/79、呼吸34），林俊德开始休息。

2012年5月31日——

01：15，林俊德睡着了。

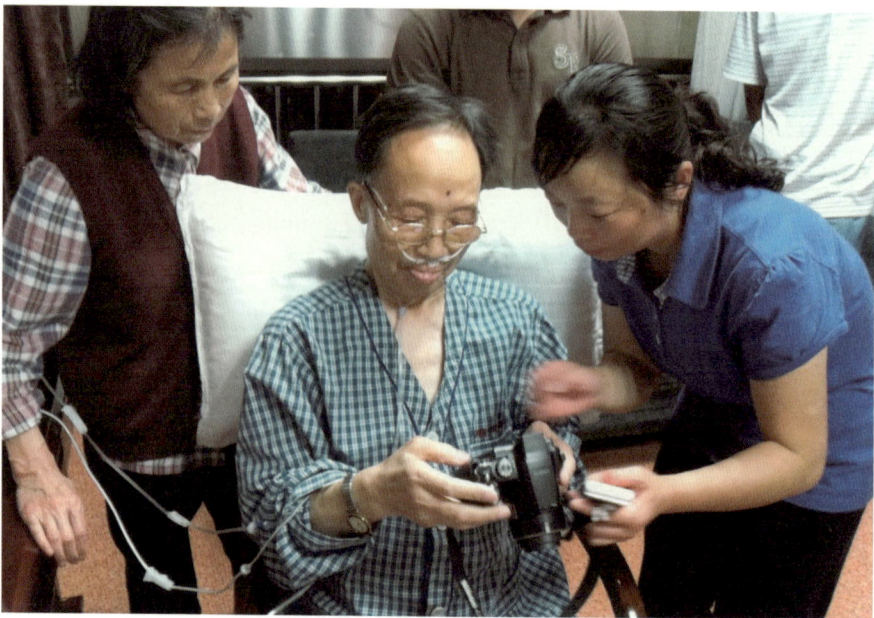

林俊德与家人一起查看照片

01：25，林俊德觉得热，护士给他扇扇子。

06：45（心率118、血压123/87、呼吸41），找护士调整氧气量，检查后建议戴面罩，林俊德坚决不肯，医生又建议观察后再说。

07：24，医生再次建议用面罩呼吸，提高血氧饱和度，林俊德同意了。

07：44，林俊德要求起来工作，家属劝其多休息，林俊德同意。

07：50，胃不适，频繁呕吐。林俊德同意下胃管。

08：03，胃管下不去，医生通知要换血，否则上午这一关难过，但家属遵照林俊德意愿，放弃。

08：52（心率117、血压113/76、呼吸34），由于不能让林俊德睡着，黄建琴和林俊德的妹妹在他耳旁不停地和他说话。

09：26，林俊德突然说："我要工作。"护士跟他商量说，一会儿让他工作。林俊德点头答应，说话比较吃力。

09：30，林俊德再次要求工作，护士说等他休息一会儿，身体好一点再工作。林俊德说："我等不了了，你们太理论化了。"女儿林春问他："爸，肚子难受吗？"林俊德摇头："不，我要工作。"并反复要求工作，要求直接工作。林春说："你要弄什么？我帮你弄。"林俊德坚持说："不行，我自己来，我要工作。"并问护士现在几点。看着女儿流泪，林俊德说："大家要高兴。"

声音有些闷，但很坚定。

09：40，林俊德又说："我要工作。"林春说："好，我把笔记本支上。"林俊德说："行。"并要求坐起来。女儿反对他坐起来，他大声说："可以。"大家跟他商量，是否坐在床上，林俊德反对，说要下来，坐到工作台上。医生问他是否要坐起来，他大声回答："是。"医生建议他不要下床，林俊德坚决要下来在工作台前工作，说："效率高。"态度很坚决，准备下来。

09：50，研究所领导来看他，研究室的老同志也都来看他。所领导说："昨天您的指示，我们都整理听了，一定牢记您的教导，按您的指示去做。"林俊德说："谢谢你们支持我。"并再次坚持要起来。来者轮流自我点名，林俊德说："大家见面就行。"

09：54，林俊德说："尽快让我起来工作。"

09：55，学生、同事和护士一同把林俊德扶到桌旁。他说："在工作区工作效率高。"别人问他坐着能行吗，他总是很坚决地说："没问题。"多次让他休息都被拒绝，说："不要强迫我，我的时间太有限了，你们不要打扰我，让我专心干点工作，我的习惯，你们都知道的，我可以。"

10：00，林俊德对女儿说："这个盘我做完了！"他的手颤颤地握不住鼠标，眼睛也逐渐看不清东西，身旁的人们失声落泪，夫人黄建琴希望他躺在病床上休息一下，他说："我不能躺下，躺下就起不来了……"

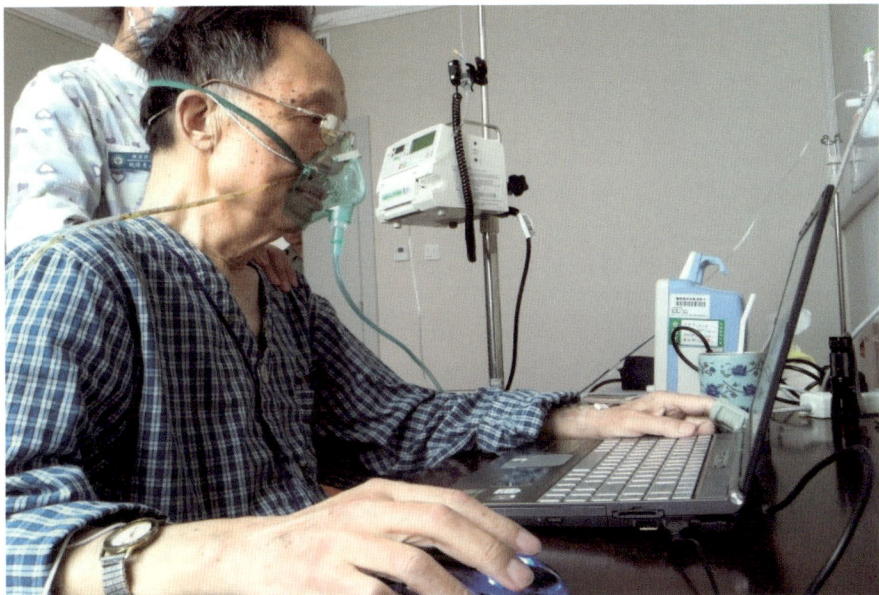

林俊德生命的最后一天仍带病工作

　　10：30，在多人劝阻下，林俊德暂时停下了工作，但只愿坐在椅子上休息，不愿上床，说："上去下不来了。"医生说用点药再下来，他不愿意，说："你们这样用就可以，不要再劝我，听我的，按我的习惯……"医生劝林俊德躺下休息，他说："躺下就起不来了，谢谢。"继续工作。

　　10：45，家属再劝林俊德躺下休息，但他只愿坐着休息，几分钟后又接着工作。

　　10：54，林俊德交代学生：资料从电脑中找，按 ABC 的顺序排，一定要把保密资料清干净。

12：30，林俊德向女儿强调文件夹名及排序，强调顺序规范。

14：09，林俊德陷入昏迷。黄建琴一直紧紧握着林俊德的手，贴在耳边说："老林啊老林，这是我第一次把你的手握这么长时间！40多年了，你把家当旅馆，一心扑在工作上，你现在终于属于我了……"其间，林俊德时而昏迷时而清醒，反复念叨，办公室里还有什么资料要整理，密码箱怎么打开，整理时要注意保密……

19：20，学生钟博士从外地匆匆赶到医院。黄建琴伏在林俊德的耳边说：老林，钟博士来了。林俊德的手指动了一下。钟博士轻轻拿过林俊德的手贴在脸上说："林总，你就像父亲一样摸摸我的头吧。"

19：40，林俊德呼吸停止，过了几分钟，又恢复呼吸，后又停止，再没有恢复。

20：15，心电图再无起伏，林俊德平静地离开了。

虽然早过了下班时间，但科室里的全体医护人员都自发留了下来，大家排成两列，深深三鞠躬，含泪向这位令他们敬仰的人告别。

林俊德去世后，护士要把他的表卸下来，黄建琴拦住护士："让他带走吧！"原来，这是1997年浙江大学100周年校庆时，学校送给林俊德的一对纪念手表中的一只。"他特别珍爱这块表，整天戴着，戴久了调节时针分针的旋钮坏了，就用胶布粘起来继续用。生病住院的时候，每次输液需要摘下手表，他发现表不在手上，就总问护士：我的表呢？"

黄建琴说："另一只女表现在还在家里好好收着，平时要洗菜洗衣，不常戴。老林生前最心爱的手表是母校送他的，可见他对母校有深厚感情，上大学的那段时光在他生命中很重要。"

得知林俊德去世的噩耗，远在北京的程开甲悲痛不已，亲自提笔写下挽联——"一片赤诚忠心，核试贡献卓越"，并让他的女婿周南专程送到西安。

追悼会上，林俊德院士生前的同事、战友和学生，失声痛哭。基地吴司令员代表基地党委和全体官兵，含泪为林俊德院士献上一副挽联："铿锵一世苦干惊天动地事，淡泊一生甘做隐姓埋名人。"

从罗布泊的荒原戈壁转战到医院病房这个特殊战场，林俊德用钢铁般的意志完成了一名国防科技战士最后的冲锋。

林俊德珍视的浙江大学100周年校庆纪念手表

第一次了解到林俊德院士，就是在感动中国人物颁奖仪式上，看到这样一位老人、一位战士，为了整理自己在中国国防科研重大项目中的资料，放弃了做手术延长生命的机会，选择与死神争分夺秒，向生命发起最后的冲锋。在最后时刻，他9次要求、请求，甚至哀求医生让他下床工作，他的决心和奋斗精神令人感动不已，他不畏艰难，不怕死亡。医生和家人不忍心他最后的愿望不被满足，林院士以超乎常人的毅力和意志力，在办公桌前，完成了他最后的工作。

我深受震撼。到底是怎样的精神与意念，能够支撑他在生命的最后一刻做出这样的选择。林俊德院士在癌症晚期身体极度虚弱的状况下，仍然怀着对科研事业的无比热爱和责任感，将自己的时间和精力投入到整理和移交科研资料中。他明白这些资料对于国防科技和武器装备发展的重要性，他知道自己的努力将为后人提供宝贵的经验和知识。宁可牺牲生命，也不拖欠使命。在生命的最后一刻，他从罗布泊的戈壁荒漠转战到医院病房这个特殊战场，将自己最后的心跳献给祖国。

扎根边疆52年，把青春和生命融入大漠戈壁，林俊德院士参与了我国全部的45次核试验，把全部心血和智慧奉献给国防事业，曾获国家、军队科技进步奖和发明奖 30 多项，为国防科技和武器装备发展倾尽心血。

　　林俊德院士的选择展现了他对国家和人民的无限忠诚。他将国家的发展和安全置于个人利益之上，他的行动彰显了他对国家利益的高度认同和责任感。林院士在病榻上完成了人生的最后冲刺，临终前，他反复叮嘱，死后要葬在马兰这个大漠深处曾经的核试验基地。有人这样描述包括林俊德在内的马兰人——没有豪言壮语，没有热情颂歌；他们隐姓埋名，无怨无悔；在西部戈壁，在大山深处，在无人知道的角落用生命的光和热，为共和国创造出"太阳"和"惊雷"。

　　作为新时代的浙大人，也是机械人，我一定会学习传承像林俊德院士这样一代代国防军工人身上的马兰精神，"艰苦奋斗干惊天动地事，无私奉献做隐姓埋名人"。引导更多的同学学习先辈精神，投身到国家的建设事业中，为祖国的发展奉献自己的力量！

　　　　　　　　　　（浙江大学机械工程学院团委副书记陈宇烽）

第六章

魂归罗布泊

2012 年 5 月 31 日，林俊德逝世。

2012 年 7 月 16 日，黄建琴为林俊德交了最后一次党费。

2013 年 2 月，林俊德被评为 2022 年度"感动中国十大人物"之一。

2014 年 7 月 31 日，林俊德魂归马兰。

一、纵死终令汗竹香

林俊德去世后，党和国家领导人纷纷发去唁电、敬献花圈，对他的逝世表示哀悼，对亲属表示慰问。

林俊德悼念仪式

2012年7月16日上午，总部机关领导一行专程到研究所看望慰问林俊德家人，并将10万元慰问金送给黄建琴，恳请她一定收下。

黄建琴深深地鞠了一躬，说："老林一辈子干了他喜欢的事业，他一直说他是在党和人民的培养下成长起来的，他的这些成绩也是在组织和领导的关心支持下，还有好多同事的共同努力下取得的。"

随即，她转身对陪同的基地副政委侯力军说："这些钱就当作他的最后一次党费吧！这也应该是老林的心愿。"回来后，侯力军一夜未眠。

基地领导慰问林俊德夫人黄阿姨

　　侯副政委曾经创作过一篇《景仰胡杨》的散文，其中写道：
"胡杨的一生，历经风摧沙击，饥渴时就把根向下深扎；缺水时，
宁肯压缩躯体和叶片，从未有过营养过盛的待遇。正因为一无增
高奢望，二无减肥苦恼，所以才有了无欲则刚的风采。"在他看
来，林院士的一生，就如同一棵在绝境中生长的胡杨，虽有几分
孤傲冷峻，更多的是刚毅坚韧。

　　带着一股难以言说的感动，侯力军连夜创作了一首《你是一
棵胡杨树》：

　　　　人们都赞美那胡杨树

　　　　活着千年不死

　　　　死后千年不倒

　　　　倒后千年不朽

　　　　你就是一棵胡杨树

　　　　把根扎在大漠深处

　　　　你像胡杨那样坚韧顽强

　　　　耐得寂寞不言苦

　　　　默默奉献说幸福

　　　　青春像春天的胡杨那样盎然

　　　　硕果像金秋的胡杨那样辉煌

　　　　你的创造功勋卓著

你像胡杨那样淡泊名利

风摧沙击不迷途

赤诚报国不图利

信仰像挺拔的胡杨那样刚强

品格像傲雪的胡杨那样高洁

你的精神丰碑已铸

你像胡杨那样倔强不屈

淡定从容谈生死

奋斗不止争分秒

耕耘像扎根的胡杨那样勤奋

献身像逝去的胡杨那样壮烈

你的英名流芳千古

长长的送别队伍啊

就像列阵的胡杨树

巨响的春雷会记住

奔腾的地火会记住

战友的心中会记住

伟大的祖国会记住

永远记住你这棵不朽的胡杨树

2013 年 2 月，由中宣部、中央电视台组织的 2012 年度"感动中国十大人物"评选揭晓，林俊德当选为2012年度"感动中国十大人物"。评委会颁奖词这样写道："大漠，烽烟，马兰。平沙莽莽黄入天，英雄埋名五十年。剑河风急云片阔，将军金甲夜不脱。战士自有战士的告别，你永远不会倒下。"临终前，林俊德唯一的心愿是回到马兰。

在最终的遗言中，他念念不忘的也是马兰："马兰精神很重要，艰苦奋斗、无私奉献，希望大家继承马兰精神，让国家、人民尊重我们。"

二、马兰花开在人间

2014年7月31日，马兰。

按照林俊德的遗愿，基地将林俊德的骨灰安葬在马兰革命烈士陵园，英雄终于回到了战斗生活一辈子的大漠戈壁。陵园中央，高大的马兰革命烈士纪念碑在蔚蓝天空下巍然耸立，上面刻着这样一段碑文：

这是一块沉睡了千年的国土，又是一块挺起祖国母亲脊梁的热土。

自一九五八年组建核试验基地以来，我国在这里成功地进行了一次次原子弹、氢弹、导弹核武器试验。瞬间的辉煌铸造了共和国的和平盾牌，也为社会主义中国成为有重要影响的大国争得了地位，更激起了饱受外国列强屈辱的炎黄子孙的自尊与骄傲！

安葬在这里的人们，就是为创造这种惊天动地业绩而献身的一群中华民族的优秀儿女。他们来自大江南北长城内外，靠着对国防科技事业的一片赤诚之心，有的在试验场壮烈牺牲，有的在建设基地中以身殉职，有的在平凡的岗位上积劳成疾悄然离世，还有的是为支持这项事业而长眠在这里的父老妻儿……

他们的生命已经逝去！但后来者懂得，正是这种苍凉与悲壮，才使"和平"两字显得更加珍贵。

让我们记住那个年代，记住长眠在这里的人们！

过去，对于核试验场的人而言，升起一朵蘑菇云就意味着一次胜利和成功。如今，罗布泊上空，蘑菇云已经消散。茫茫戈壁，唯有马兰花灿烂盛放。

那些花儿，迎风而立，仿佛在诉说着一段默默无闻却又惊天动地的往事。

师生感悟

仰之弥高，钻之弥坚。入学的时候，我第一次听说了林俊德院士的事迹。"宁可透支生命，也不拖欠使命。"林俊德院士一生扑在核试验上，战至生命的最后一刻，与死神抗争，与命运搏击，以志殉国，至死攻坚，这是独属一代革命者的热忱。纵使满面尘土又何妨，啖沙饭，坚筑铮铮铁壁；纵使飞石流沙又何妨，饮浑泉，毅起耀耀红星。

林俊德院士的感人事迹给我播下了爱国担当的种子，指明了未来前行的方向。知史学史悟史，坚定理想信念，在求学期间，我积极投身马兰宣讲工作，课堂、支部、重点单位，一个个历史课本上的名字通过讲述变得生动鲜活，一位位英雄的面容在文字中撼动着读者的心灵。每一次讲起林老的故事，我都会眼角湿润。马兰无声，芳馨万疆。

如今的我，想要更好地将马兰故事传播到更加广阔的地方，我成了一名专职思想政治辅导员，我希望在我的工作生涯中，可以帮同学们解决一些难题，进而帮助同学们更好地发展；我更希望，通过我的努力，让更多的人知道在20世纪六七十年代发生在那片大漠戈壁的故事。不只是因为这段历史不应该被忘记，更是希望同学们可以继承这种舍我其谁的责任担当和格物致知的务实态度。在 20 世纪 60 年代，面对核威胁，大批科技工作者扎根大漠，终让蘑菇云腾空而起。今日之中华，也同样面临着新的挑战。

是历史的交接，是时空的互动，无数人的信念在此刻汇聚、升华。历史上的英雄守护着那个时代的万家灯火，负重前行，少年敬仰之；当今时代亦有需要守护的万家灯火，亦等待着英雄负重前行，少年向往之。我们敬仰，这是相信的力量；我们向往，这是乘风的希望。

青年一代有理想、有本领、有担当，国家就有前途，民族就有希望。我希望依靠我的努力，可以影响更多的同学们投入到祖国最需要的地方去。我期待看到一股股的"新鲜血液"注入科技创新的高地，一批批的"青春朝气"点亮工业皇冠上的明珠。未来的国防建设将在我们新时代青年手中接续腾飞，紫色的马兰花将永远在祖国大地上绚烂绽放！

（浙江大学控制科学与工程学院团委副书记石大杭）

附　录

林俊德——献身国防科技事业杰出科学家

林俊德（1938－2012）国防科技事业奋斗终身的科技工作者模范。福建省永春县人。某基地研究员。1960年入伍，专业技术1级，中国工程院院士，我国爆炸力学与核试验工程领域著名专家。他投身国防科技事业50多年，扎根戈壁无私奉献，年过七旬依然战斗在科研试验第一线，在被确诊为胆管癌晚期到去世的20多天里，仍把病房当作战场、与死神争分夺秒，为国防科技事业奋斗到生命最后一息。2012年5月，因病去世。2013年1月，中央军委追授他"献身国防科技事业杰出科学家"荣誉称号。习近平主席号召全军官兵要以林俊德同志为榜样，为建设听党指挥、能打胜仗、作风优良的人民军队，维护国家主权、安全和发展利益作出新的更大贡献。

一、林俊德院士生平

林俊德（1938—2012），福建省泉州市永春县人，某基地研究员，中国工程院院士，我国爆炸力学与核试验工程领域著名专家，为国防科技事业奋斗终身的科技工作者模范。1960 年入伍，他投身国防科技事业 50 多年，扎根戈壁无私奉献，年过七旬依然战斗在科研试验第一线，在被确诊为胆管癌晚期到去世的 20 多天里，仍把病房当作战场、与死神争分夺秒，为国防科技事业奋斗到生命最后一刻。2012 年 5 月，因病去世。2013 年 1 月，中央军委追授他"献身国防科技事业杰出科学家"荣誉称号。习近平总书记号召全军官兵要以林俊德同志为榜样，为建设听党指挥、能打胜仗、作风优良的人民军队，维护国家主权、安全和发展利益作出新的更人贡献。

二、马兰工作室成果

"培养什么人、怎样培养人、为谁培养人"是高等教育事业

发展的根本问题。以王淦昌、程开甲、林俊德等为代表的一代代
浙大人，积极响应党和国家的号召，投身国防科技事业，扎根马
兰基地，王淦昌"我将以身许国"的铮铮誓言、程开甲"最大的
心愿就是国家强起来"的真挚情怀、林俊德"平沙莽莽黄入天，
英雄埋名五十年"的光辉事迹在广大师生中引起极大共鸣。浙江
大学充分挖掘建校 120 余年历程中投身国家事业的先进典型，深
挖其中的红色基因，于 2017 年 5 月成立马兰工作室。工作室结
合 95 后、00 后学生特点，围绕选取哪些榜样人物、通过什么形
式传播、怎样引导学生向老一辈浙大人学习，深挖学科红色文化，
探索开展互动式、体验式、沉浸式教育培训，坚定新时代爱国报
国主体意识，引导青年牢固树立投身国家事业、实现人生理想的
坚定信念。

（一）聚焦"国之大者"，树立"更受尊敬"的优秀典型

马兰工作室以爱国主义为纽带，深挖浙大红色基因，按照政
治信仰坚定、家国情怀浓厚的标准，以服务国家重大战略需求为
导向，精心选取投身报国和奔赴艰苦地区工作的先进典型和感人
事迹。一类是为国家事业发展作出过杰出贡献的功勋校友，以
2012 年度感动中国十大人物、全军挂像英模、参与新中国全部
45 次核试验的 1960 届校友林俊德感人事迹为原点，围绕王淦昌、
赵九章、钱三强、程开甲等"两弹一星"元勋，着力讲好浙大人

扎根新疆马兰戈壁为国铸核盾的马兰故事。另一类是学生熟悉的青年师生或校友，凝练典型榜样从专业学习到投身报国的全景式故事元素，如邀请校内承接科技重点课题的青年师生分享科研经历和励志故事、国家重要行业杰出校友返校分享科研报国之路等，持续引导青年学生在科技自强中"敢闯会创"，立志扎根祖国最需要的地方奉献青春。

2019 年 12 月，工作室牵头联合复旦大学、上海交通大学、南开大学等 10 所高校 11 个院系，成立全国马兰精神联合研究中心，共商共建共享红色平台和资源，依托中心在全国范围内选树先进典型，创建钱学森、郭永怀、林俊德等榜样群像图谱。

（二）凝聚育人合力，组建"更高质量"的宣讲队伍

马兰工作室注重教育培训力量的多元融合、优势互补，组建师资大团队。借助马兰基地力量，组建重量级导师团。考虑到马兰基地路途较远，马兰工作室通过"请进来"的方式，成立由林俊德院士夫人黄建琴老师、马兰基地原政委孔令才将军等 11 位将军和多名国防专家、林俊德院士同窗等组成的导师团，亲临校园为青年学生宣讲榜样事迹，依托导师团开展"将军报告会"，邀请张翔、从云、邱爱慈、沈志康等奋战在国家科技事业发展一线的将军，讲好扎根大漠、献身核试验事业的马兰故事，激发学生的报国热情。"将军报告会"已成为大一学生军训的"必修课"，

截至目前共举办 18 场次、覆盖 4 万余人，反响热烈，近年来军训期间学生递交入党申请书的比例逐年增高，已达到新生总人数的 70%＋。

调动教师员工力量，打造青年学生教育"大兵团"。瞄准国家重大战略需求，构建院士、教授、退休教师、专兼职辅导员、班主任、党支部书记等共同组成的全链条育人体系，组织本校"全国高校黄大年式教师团队""全国工人先锋号""全国五一劳动奖章"获得者等，上好党员"大培训课"。凝聚青年力量，形成朋辈育人共同体。招募校内优秀学生宣讲员，成立马兰精神学生讲习所，开展马兰精神进支部、进学校、进企业等活动，至今已前往 9 个省市开展了百余次红色宣讲，主动承担和设计了"90 分钟大讲堂""1 课时微党课"等宣讲品牌，让朋辈学生党员用青年的方式讲给青年听，使红色基因进入更多青年心中、融入青年血液。

积极推动结对共建，马兰工作室先后与浙江省国安厅"国安青年说"宣讲团、浙江广电集团"信仰的力量·青年说"宣讲团结对，工作室成员受聘为浙江省委"青年讲师团"讲师、浙江省科学家精神宣讲团专家，将科学家精神、隐蔽战线的英雄事迹、青年人的挺膺担当与马兰精神深度融合，联合开展"战线魂·国安青年说"——党史学习教育报告会、"信仰的力量·青年说"主题团日活动、"决胜安保，青春有我"五四青年宣讲会、"点亮精神火炬助力两个先行"2023 年全国科技工作者日浙江主场活动。

（三）创新教育形式，丰富"更加卓越"的培训体系

马兰工作室着眼进一步提升青年学生参与实践活动的积极性和互动性，创新沉浸式、可体验的学习教育培训形式，使学生在身临其境中产生共鸣。打造"榜样"舞台，通过设计诗朗诵、话剧等学生喜闻乐见的活动形式，融合舞蹈、话剧、音乐等多种艺术形式，打造了原创诗朗诵《马兰谣》、情景剧《林俊德在马兰》、话剧《速写林俊德》、舞台剧《星辰·大地》等，生动讲述林俊德等人爱党报国的先进事迹，已在校内外演出 20 余场，受众达 2 万人次。《马兰谣》多次受邀在浙江大学校园招聘启动仪式上演出，《速写林俊德》首映活动受到了浙江卫视、《浙江日报》等多家媒体的深度报道，《星辰·大地》讲述浙大发展历史中的杰出人物故事，将美育与科学家精神深度融合，作为新生始业教育必修环节多次公开演出。

谋划"研学路线"，组织青年到国防重点单位一线参观实践，使他们有机会近距离感受国防工作者为国铸重器的使命担当。成立"党史青年行"马兰精神社会实践团，以追寻先辈足迹、寻访红色记忆为主题，打造精品实践教育路线。迄今足迹已达 15 个省（区、市）、22 家重点战略单位，行程近 2 万里。描绘"红

色地图"，马兰工作室立足浙江、面向全国、走向世界，依托陈望道故居、青山湖科技城等建立现场教育基地，与铁建重工集团、中铁工程装备集团、中航西安飞机工业集团等重点企业共建实践基地，与徐州工程机械集团在巴西建立海外实践基地。坚持"爱心支教"，从 2020 年起，马兰工作室每年从全校师生中招募优秀青年前往新疆马兰基地永红小学，跨越 3856 公里为马兰基地的官兵子女开展爱心支教。永红小学成立于 1961 年，由聂荣臻元帅题写校名。由于地理条件限制和军事背景的特殊性，当地学生接受外部新鲜事物的条件有限。因此，工作室设置了 3D 打印、科普实验等特色课程，拓宽学生视野，培养他们的创新精神和实践能力。

（四）打造红色阵地，培养"更有梦想"的时代新人

2022 年 3 月 13 日，在学校和有关校友的关心支持下，浙江大学林俊德教育基金成立，依托该基金，马兰工作室着力打造浙江大学马兰精神展厅。展厅收纳了以"林俊德院士到生命最后一刻仍不愿摘下的校庆纪念手表""记录我国核爆炸冲击波参数的钟表式压力自记仪""新疆戈壁的马兰石"等数十件珍贵的历史实物和影像资料展品，讲述了核试验事业中浙大科学家以苦为乐、奋发图强的感人故事，弘扬了"艰苦奋斗干惊天动地事，无私奉献做隐姓埋名人"的马兰精神。如今，包括将军、院士、教授等专家学者、思政工作者、来自全校多个院系的本硕博学生等 40

余人参与到展厅的建设和讲解工作中，形成了从校内到校外、从学科到思政、从专职到兼职的马兰精神宣讲队伍。自展厅开幕以来，各有关部门、校内外师生纷纷主动前往参观学习，形成了全新的理论学习形式。多位院士、有关校领导、马兰基地领导代表等来到展厅指导工作，共青团中央、浙江省政协、浙江省科协、空军研究院以及各党团支部等先后参观展厅，迄今已讲解 180 余次，受众超 4500 人次。2023 年工作室建设了马兰精神纪念园，园内陈列林俊德院士雕像、红山模型、"零前"时刻等，通过亲临爆心、一封家书、科学计算、一首童谣、重大事件、蘑菇云等系列故事场景，生动形象地再现了 20 世纪马兰基地官兵生活工作的场景，同时马兰精神纪念园也是浙江大学学生军训行进综合训练必经打卡点。

2023 年，马兰工作室入选团中央全国大学生"两弹一星"精神志愿宣讲团、浙江省科学家精神教育基地。在这些红色阵地的建设中，越来越多的大学生青年将个人小我与国家大我紧密结合，在校内外形成了"传承红色基因、立志青春报国"的爱国主义新风尚，尤其近年来浙江大学毕业生赴国家重点战略单位就业人数增长超过了 50%。

马兰工作室作为浙江大学思政教育的品牌项目，截至 2023 年 11 月已直接影响受众超过 9 万人，培养了　大批先进个人或典型项目。工作室所在的浙江大学机械工程学院获评"全国党建标杆院系"'全国教育系统先进集体"，工作室成员中有人获全国最美高校辅导员、浙江省"担当作为好支书"、浙江省"三育人"先进个人等荣誉称号。2022年"共产党员网"专题报道《浙江大学：教育引导学生党员唱响新时代的"马兰谣"》，成为中组部遴选的首批全国高校党员教育工作典型案例。马兰工作室相关工作也被中宣部、教育部党史学习教育简报刊出三次，《人民日报》《光明日报》等媒体报道八次；并获得第十七届"挑战杯"全国大学生课外学术科技作品竞赛红色专项特等奖、浙江省第十七届"挑战杯"大学生课外学术科技作品竞赛红色专项十佳团队。马兰工作室的作品《戈壁滩上的马兰花》获浙江省大中专院校微团课大赛特等奖并在全省范围内多次志愿巡回公开演讲，作品《永不凋谢的马兰花》代表浙江省教育厅参加浙江省青年理论宣讲大赛并获特等奖。

三、工作室成员成长感悟

从大一军训时聆听将军讲述林俊德院士临终前颤抖着整理科研数据的震撼到进入马兰工作室，我始终在马兰精神的感染下努力成长。在工作室，我从文宣部干事逐步成长为学生负责人，通过宣讲、《马兰谣》展示等活动，逐渐理解了马兰精神的内涵——以苦为乐、发奋图强的进取精神和无私忘我、以身许国的高尚情怀。2024 年暑假，我前往新疆马兰基地的永红小学支教，同时参观了马兰红山军博园，亲身感受到"马兰人"用青春和生命挺起祖国脊梁的壮举。马兰精神不仅是我学习的动力，更是人生的目标，我渴望用自己的努力，让更多人了解并传承这种精神。

——浙江大学机械工程学院 2022 级本科生郭林瀚

第一次了解林俊德院士的事迹，是在 2019 年 8 月 23 日李文泉将军的报告会上，林院士临终前的最后一段"冲锋"给我留下了深刻印象。因此，我报名参加了马兰工作室，加入了这个光荣的团队，负责公众号的运营。一次次撰写推文，打磨、排版、发布，不仅提升了我个人的技能，还让我对马兰、对林俊德院士等核试验先辈们的事迹有了更深的了解。2021 年暑假，我跟随工作室前往新疆马兰永红小学支教，在红山军博园中回顾核爆试验，在烈士纪念碑前缅怀马兰先烈，育人同时实现育己。2023 年马兰精神展厅正式启用，我很荣幸地成为展厅的一名讲解员。参与讲解工作让我不断突破自己，获得了宝贵的经验和认识，也希望我的讲解，能让更多人对马兰精神和林俊德院士等优秀前辈的事迹有更深入的了解。艰苦奋斗干惊天动地事，无私奉献做隐姓埋名人。我会永远铭记马兰精神，砥砺前行。

——浙江大学机械工程学院 2023 级硕士研究生何明谕

正所谓"光阴似箭"，从刚开始对马兰精神一无所知，到如今马兰人的故事皆在心中；从聆听别人宣讲、讲解到自己成为一名宣讲员、讲解员，再到工作室的学生负责人，我不仅仅学到了一代代浙大马兰人"以志殉国、至死攻坚"的奉献精神；也学到了工作室师长"克己奉公、一丝不苟"的处事态度；亦学到了同伴"金玉其质、精益求精"的为人信仰。参与工作室的工作也让我变得更加自信、认真。在讲述马兰故事、弘扬马兰精神的过程中，我也逐渐找到了自己愿为之毕生奋斗的目标——到党和人民最需要的地方去发光发热。人生之路在于不断前行、探索，期待终有一日我也得以同所有在荒漠无垠的戈壁滩上奋斗过的前辈一样，愿为星火，不求燎原光辉热烈，只愿照亮一方天地。

——浙江大学机械工程学院 2022 级硕士研究生王科心

在马兰工作室的时光里，我的收获远超过我加入组织前所预期的。我在一次次培训座谈、参观走访与实践调研中开拓视野格局，感悟精神力量；也在一次次展厅讲解、构思排练与登台演出中锻炼表达能力，传播马兰声音，我在用马兰精神"育人"的同时也在不断地"育自己"。我也越来越深切地感受到马兰精神不仅仅是印刻在展厅里的冰冷文字，更是活跃在马兰工作室师长与朋辈间的真切信仰。唯有"真信"才能"真用"，在新时代传承马兰精神的目的是要培育更多心怀"国之大者"的"有实践力量的人"，希望毕业后我能成为一名思政课教师，用更多更好的方式继续将浙大马兰人的故事和马兰精神传承发扬。

——浙江大学马克思主义学院2022级博士研究生李佳忆

很荣幸能够在工作室成立初期就成为马兰工作室的一员，继承和宣扬"艰苦奋斗干惊天动地事，无私奉献做隐姓埋名人"的马兰精神。2022年秋，我通过工作室的面试考核，成为马兰工作室宣传部的一员，开始了一系列发言稿、人物稿、新闻稿的撰写、打磨、推送工作。2022年冬，我开始和工作室的小伙伴一起撰写林俊德先生传奇故事的全新讲稿。每一次提笔，每一次走进那段发愤图强的峥嵘岁月，每一次都会被林俊德先生像胡杨一样扎根大漠、守护大漠、长眠大漠的感人故事深深触动。

2023年暑假，我有幸跟随工作室前往新疆马兰永红小学开展支教工作。其间有幸走进无数科学家先辈们为国铸盾、努力拼搏的工作场所，切身感受到一种来自远方和内心深处的呼唤。而当我迈开步子在基地里奔跑，跨过一片又一片树荫，实打实地从脚底下涌上心头的，是无可言说的感动和坚定……

——浙江大学能源工程学院2023级博士研究生杨争辉